?! 歴史漫画《れきしまんが》 タイムワープ シリーズ 通史編《つうしへん》 5

平安時代《へいあんじだい》へタイムワープ

マンガ：市川智茂《いちかわともしげ》／ストーリー：チーム・ガリレオ／監修《かんしゅう》：河合《かわい》 敦《あつし》

はじめに

平安時代《へいあんじだい》は、794年《ねん》に都《みやこ》が奈良《なら》から京都《きょうと》に移《うつ》されてから、源頼朝《みなもとのよりとも》が鎌倉幕府《かまくらばくふ》を開《ひら》くまでのおよそ400年間《ねんかん》のことです。この時代《じだい》は、貴族《きぞく》が政治《せいじ》や文化《ぶんか》の中心《ちゅうしん》となりました。

この時代《じだい》について、学校《がっこう》の授業《じゅぎょう》では、藤原道長《ふじわらのみちなが》に代表《だいひょう》される藤原氏《ふじわらし》が大《おお》きな力《ちから》を持《も》ったことや、華《はな》やかな貴族《きぞく》たちの暮《く》らし、さらに日本風《にほんふう》の文化《ぶんか》が生《う》まれたことなどについて学《まな》びます。

今回《こんかい》のマンガでは、平安時代《へいあんじだい》の日本《にほん》にタイムワープをしたサラとダイゴのきょうだいが、平安京《へいあんきょう》の闇《やみ》の世界《せかい》にうごめく妖怪《ようかい》や怨霊《おんりょう》に襲《おそ》われるなど、さまざまなピンチを経験《けいけん》します。

華《はな》やかといわれる貴族《きぞく》の時代《じだい》が、実際《じっさい》はどんなものだったのか、彼《かれ》らと一緒《いっしょ》に見《み》てみましょう！

監修者《かんしゅうしゃ》　河合《かわい》　敦《あつし》

今回《こんかい》のタイムワープの舞台《ぶたい》は…？

4万年前《まんねんまえ》
2万年前《まんねんまえ》
1万年前《まんねんまえ》
2000年前
1500年前《ねんまえ》
1400年前《ねんまえ》
1300年前《ねんまえ》
1200年前《ねんまえ》
1100年前《ねんまえ》
1000年前《ねんまえ》
900年前《ねんまえ》
800年前《ねんまえ》
700年前《ねんまえ》
600年前《ねんまえ》
500年前《ねんまえ》
400年前《ねんまえ》
300年前《ねんまえ》
200年前《ねんまえ》
100年前《ねんまえ》
50年前《ねんまえ》
先史時代《せんしじだい》
古代《こだい》
中世《ちゅうせい》
近世《きんせい》
近代《きんだい》
現代《げんだい》
旧石器時代《きゅうせっきじだい》
縄文時代《じょうもんじだい》
弥生時代《やよいじだい》
古墳時代《こふんじだい》／
飛鳥時代《あすかじだい》
奈良時代《ならじだい》
平安時代《へいあんじだい》
ココ!!
鎌倉時代《かまくらじだい》
室町時代《むろまちじだい》
安土桃山時代《あづちももやまじだい》
江戸時代《えどじだい》
明治時代《めいじじだい》
大正時代《たいしょうじだい》
昭和時代《しょうわじだい》
平成時代《へいせいじだい》
令和時代《れいわじだい》
日本人《にほんじん》の祖先《そせん》が住《す》み着《つ》く
土器《どき》を作《つく》り始《はじ》める
貝塚《かいづか》が作《つく》られる
米作《こめづく》りが伝《つた》わる
大和朝廷《やまとちょうてい》が生《う》まれる
平城京《へいじょうきょう》が都《みやこ》になる
平安京《へいあんきょう》が都《みやこ》になる
モンゴル（元《げん》）軍《ぐん》が2度《ど》攻《せ》めてくる
室町幕府《むろまちばくふ》が開《ひら》かれる
金閣《きんかく》や銀閣《ぎんかく》がつくられる
江戸幕府《えどばくふ》が開《ひら》かれる
明治維新《めいじいしん》
大正《たいしょう》デモクラシー
太平洋戦争《たいへいようせんそう》
高度経済成長《こうどけいざいせいちょう》
米作《こめづく》りが広《ひろ》まる
巨大《きょだい》なお墓《はか》（古墳《こふん》）がつくられる
奈良《なら》の大仏《だいぶつ》がつくられる
華《はな》やかな貴族《きぞく》の時代《じだい》
鎌倉幕府《かまくらばくふ》が開《ひら》かれる（武士《ぶし》の時代《じだい》の始《はじ》まり）
戦国時代《せんごくじだい》
町人文化《ちょうにんぶんか》が盛《さか》んになる
文明開化《ぶんめいかいか》
現代《げんだい》

もくじ

1章《しょう》　平安時代《へいあんじだい》にやってきた！　8ページ

2章《しょう》　これが都《みやこ》を守《まも》る神様《かみさま》だ‼　24ページ

3章《しょう》　平安京《へいあんきょう》は妖怪《ようかい》がいっぱい！　40ページ

4章《しょう》　将門《まさかど》の怨霊《おんりょう》から逃《に》げろ‼　56ページ

5章《しょう》　サラが呪《のろ》いにかけられちゃった⁉　72ページ

6章《しょう》　見習《みなら》い陰陽師《おんみょうじ》は大変《たいへん》だよ　88ページ

7章《しょう》　最強《さいきょう》の怨霊《おんりょう》・菅原道真《すがわらのみちざね》　104ページ

8章《しょう》 ダイゴの歴史《れきし》図鑑《ずかん》を守《まも》れ! 120ページ
9章《しょう》 スーパー陰陽師《おんみょうじ》・安倍晴明《あべのせいめい》!! 136ページ
10章《しょう》 ニャン丸《まる》の命《いのち》を救《すく》え! 154ページ

歴史《れきし》なるほどメモ

1 平安時代《へいあんじだい》ってどんな時代《じだい》? 22ページ
2 平安京《へいあんきょう》ってどんなところ? 38ページ
3 平安時代《へいあんじだい》の妖怪《ようかい》たち 54ページ
4 最強《さいきょう》の陰陽師《おんみょうじ》・安倍晴明《あべのせいめい》 70ページ
5 平安時代《へいあんじだい》の貴族《きぞく》たち 男性編《だんせいへん》 86ページ
6 平安時代《へいあんじだい》の貴族《きぞく》たち 生活編《せいかつへん》 102ページ
7 最強《さいきょう》の怨霊《おんりょう》? 菅原道真《すがわらのみちざね》 118ページ
8 平安時代《へいあんじだい》に発展《はってん》した文学《ぶんがく》 134ページ
9 平安時代《へいあんじだい》の貴族《きぞく》たち 女性編《じょせいへん》 152ページ
10 平安貴族《へいあんきぞく》の時代《じだい》が終《お》わった 172ページ

教《おし》えて!! 河合先生《かわいせんせい》 平安時代《へいあんじだい》 おまけ話《ばなし》

1 平安時代《へいあんじだい》ヒトコマ博物館《はくぶつかん》 174ページ
2 平安時代《へいあんじだい》ビックリ報告《ほうこく》 176ページ
3 平安時代《へいあんじだい》ニンゲンファイル 178ページ
4 平安時代《へいあんじだい》ウンチクこぼれ話《ばなし》 180ページ

登《と》場《じょう》人《じん》物《ぶつ》

サラ

ダイゴのお姉《ねえ》ちゃん。
好奇心旺盛《こうきしんおうせい》な、
元気《げんき》いっぱいの小学生《しょうがくせい》。
スポーツ万能《ばんのう》で、
サッカー部《ぶ》ではエース。
弟思《おとうとおも》いでいつも頼《たよ》りにされている。

ダイゴ

サラの弟《おとうと》。
少《すこ》し気《き》が弱《よわ》いけれど、
賢《かしこ》くて優《やさ》しい男《おとこ》の子《こ》。
じいからもらった歴史図鑑《れきしずかん》が
宝物《たからもの》で、いつも持《も》ち歩《ある》いている。

ニャン丸《まる》

サラとダイゴが飼《か》っているネコ。
弥生時代《やよいじだい》にタイムワープしたとき*に
ヒミコから不思議《ふしぎ》な力《ちから》を授《さず》けられ、
人間《にんげん》の言葉《ことば》が話《はな》せるネコになった。

＊『弥生時代《やよいじだい》へタイムワープ』も読《よ》んでね！

佳秀《よしひで》

平安時代《へいあんじだい》の見習《みなら》い陰陽師《おんみょうじ》。
怨霊《おんりょう》たちに立《た》ち向《む》かうのだが、
修行中《しゅぎょうちゅう》なので、なかなか
うまくいかない。

安倍晴明《あべのせいめい》

平安時代《へいあんじだい》に活躍《かつやく》した、
有名《ゆうめい》な陰陽師《おんみょうじ》。
もののけや怨霊《おんりょう》たちが
恐《おそ》れるような、
強《つよ》い力《ちから》を持《も》っている。

じい

サラとダイゴのおじいさん。
歴史学者《れきしがくしゃ》。現在《げんざい》はもっぱら、
田舎《いなか》でコメ作《づく》りをしている。

マリリン

サラとダイゴの
おじいさんの
家《いえ》に伝《つた》わる古《ふる》い鞠《まり》。
魂《たましい》を持《も》つ妖怪《ようかい》となり、
サラに「マリリン」と
名《な》づけられた。

1章《しょう》 平安時代《へいあんじだい》にやってきた！

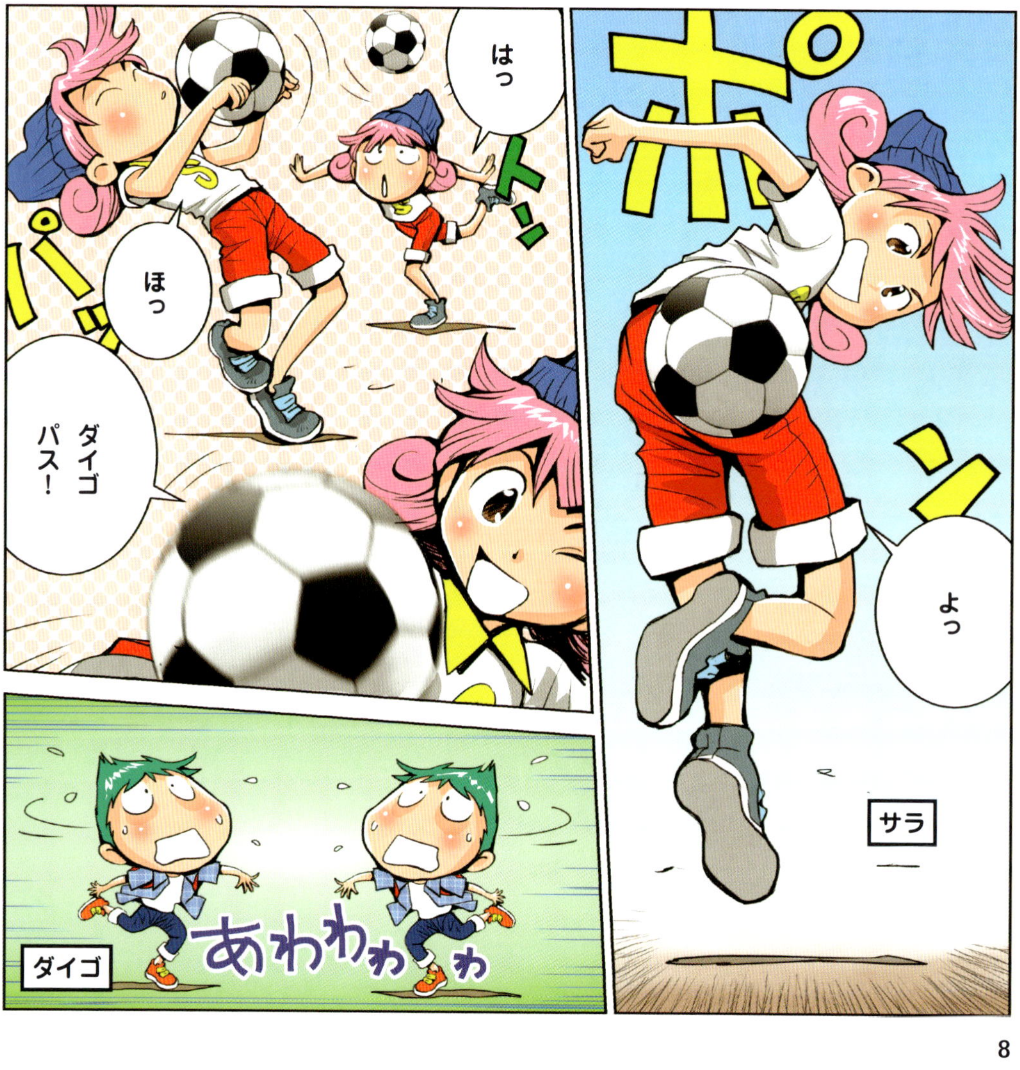

やあっ
スカッ
はははは
じい
ニャン丸《まる》
コロコロコロ
おしいっ あと1m！
パチッ
いいんだよ！ ぼく スポーツ できなくたって！
似《に》たような遊《あそ》びを 日本人《にほんじん》は 1千年《せんねん》以上《いじょう》も前《まえ》から やっておったぞ
えっ？ どういう こと？
ま サッカーではなく 蹴鞠《けまり》だがな
けまり？
物置《ものおき》に 古《ふる》い鞠《まり》が あったはず だが……

じゃーーん
我《わ》が家《や》に先祖代々《せんぞだいだい》伝《つた》わる鞠《まり》じゃ
うわっ埃《ほこり》だらけ
ゴホ
ゴホ
どうやって遊《あそ》ぶの？
この鞠《まり》を数人《すうにん》で連続《れんぞく》して何回《なんかい》蹴《け》り続《つづ》けられるかで競《きそ》うんだ
ほら ダイゴにあげた歴史図鑑《れきしずかん》にも載《の》っているぞ
平安時代《へいあんじだい》に流行《りゅうこう》した貴族《きぞく》の遊《あそ》びね
見《み》て お姉《ねえ》ちゃん 平安時代《へいあんじだい》って もののけや妖怪《ようかい》が いっぱいいたんだって！
えっ!? 妖怪《ようかい》♡
パラパラ
パラパラ
おっと 風《かぜ》が出《で》てきたな
書斎《しょさい》の窓《まど》を閉《し》めんといかんな
ヒューーゥ

バタッ
ニャン丸《まる》も妖怪《ようかい》みたいなものかな～
ヒミコちゃんに不思議《ふしぎ》なパワーをもらってしゃべれるようになったし
あなたにもお礼《れい》しなくちゃね
じゅーー
ウギャーーッ
たしかにそうかもね
サラ ダイゴ 嫌《いや》な予感《よかん》がするニャ～ おでこの傷《きず》が急《きゅう》にチクチクするニャ～！
えっ？
イタタタタタ
イタタタ

＊これまでの話《はなし》を知《し》りたい人《ひと》は「弥生時代《やよいじだい》へタイムワープ」を読《よ》んでね！

「百鬼夜行絵巻《ひゃっきやこうえまき》」（部分《ぶぶん》）
国立国会図書館蔵

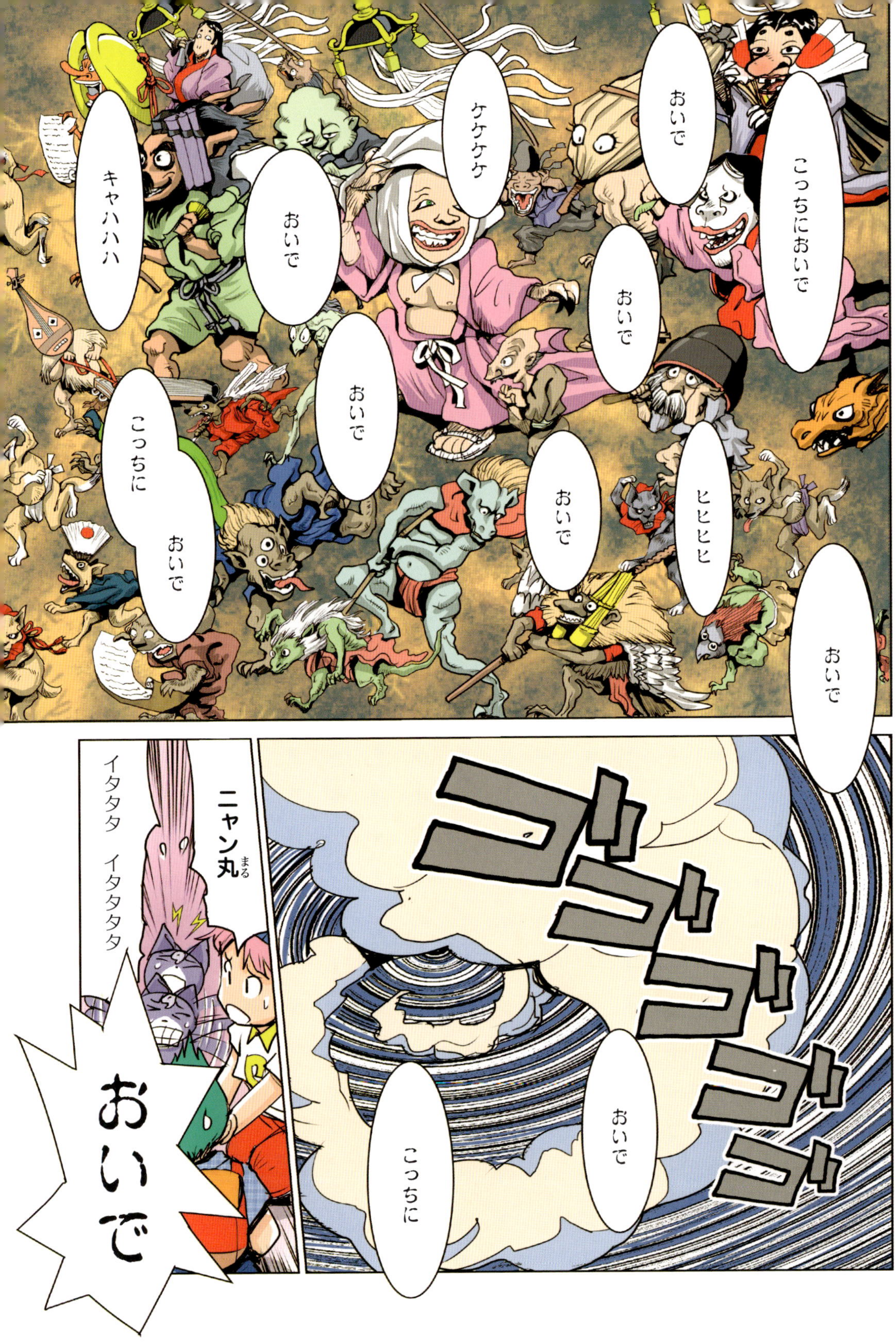
こっちにおいで
おいで
ケケケケケ
おいで
おいで
キャハハハハ
おいで
ヒヒヒヒ
おいで
こっちに
おいで
おいで
ゴゴゴゴゴゴ
ニャン丸《まる》
イタタタ　イタタタタ
おいで
こっちに
おいで

ゴッ
カッ

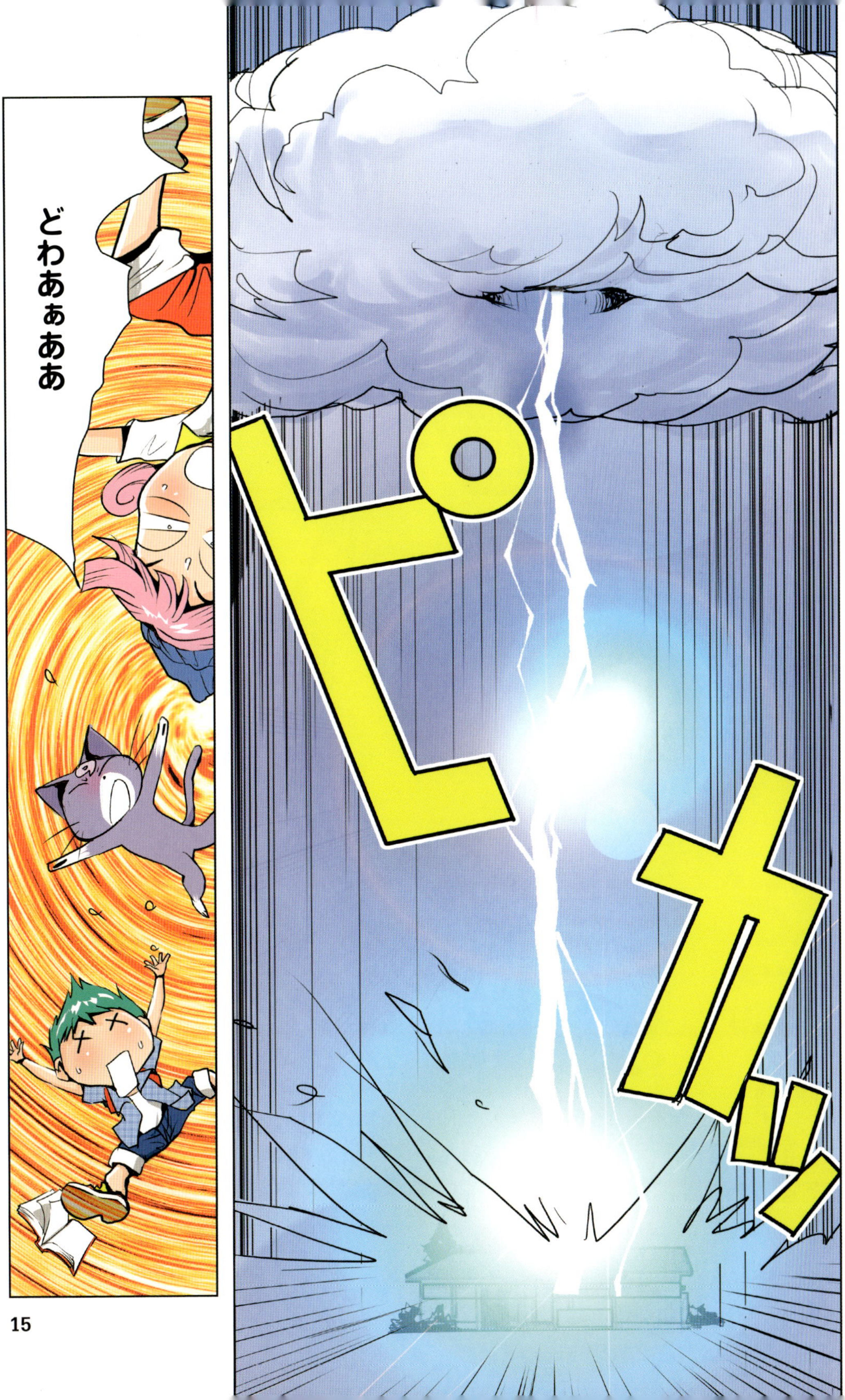
ピカッ
どわあぁああ

ドド
な……何《なに》!?ここはどこ~!?

ドドドド

あっ
ガシッ
落《お》ちる〜〜!
お姉《ねえ》ちゃん 平安京《へいあんきょう》に来《き》ちゃったみたいだよ
わたしたち また タイムワープしたってこと〜!?

ニャ ニャン丸《まる》 何《なん》とかしてよ～～
もう痛《いた》くない二ャ～
幸《しあわ》せだニャ～♡
んなこと言《い》ってる場合《ばあい》か～っ!!
何《なに》？
グオオオオオオ
えっ？

グワワワワ

貴様《きさま》ら何者《なにもの》だー!?

平安時代《へいあんじだい》ってどんな時代《じだい》？

① 平安時代《へいあんじだい》の始《はじ》まり

今《いま》から約《やく》1200年前《ねんまえ》の奈良時代《ならじだい》の終《お》わり頃《ごろ》、貴族《きぞく》と僧侶《そうりょ》の勢力争《せいりょくあらそ》いによって、政治《せいじ》は混乱《こんらん》していました。781（天応《てんおう》1）年《ねん》に天皇《てんのう》（帝《みかど》）の位《くらい》についた桓武天皇《かんむてんのう》は、政治《せいじ》を立《た》て直《なお》すため、都《みやこ》を京都《きょうと》に移《うつ》すことを決《き》めました。そして、794（延暦《えんりゃく》13）年《ねん》、平安京《へいあんきょう》と名《な》づけられた新《あたら》しい都《みやこ》をつくりました。

平安時代《へいあんじだい》とは、平安京《へいあんきょう》に都《みやこ》が置《お》かれてから約《やく》400年間続《ねんかんつづ》いた時代《じだい》を指《さ》します。

② 貴族《きぞく》たちの華《はな》やかな生活《せいかつ》

平安時代《へいあんじだい》は、一部《いちぶ》の有力《ゆうりょく》な皇族《こうぞく》や貴族《きぞく》たちが政治《せいじ》を動《うご》かした、貴族中心《きぞくちゅうしん》の時代《じだい》です。

この時代《じだい》には、唐《とう》（中国《ちゅうごく》）の文化《ぶんか》をお手本《てほん》にし、貴族《きぞく》の生活環境《せいかつかんきょう》や感性《かんせい》に合《あ》わせて発展《はってん》した、日本独自《にほんどくじ》の文化《ぶんか》（国風文化《こくふうぶんか》）が栄《さか》えました。なかでも有名《ゆうめい》なのが、寝殿造《しんでんづくり》と呼《よ》ばれる豪華《ごうか》な屋敷《やしき》です。その中《なか》で貴族《きぞく》たちは、優雅《ゆうが》で華《はな》やかな生活《せいかつ》をしていました。

平安《へいあん》貴族《きぞく》が生活《せいかつ》する寝殿造《しんでんづくり》の居住空間《きょじゅうくうかん》（模型《もけい》）
寝殿造《しんでんづくり》の屋敷《やしき》には、庭《にわ》や池《いけ》もあった

風俗博物館蔵

ウソ？ホント？

平安京《へいあんきょう》に都《みやこ》を移《うつ》したのは怨霊《おんりょう》にビビったから？

桓武天皇《かんむてんのう》は、平安京《へいあんきょう》をつくる前《まえ》に、京都《きょうと》に長岡京《ながおかきょう》という都《みやこ》をつくりました。でもわずか10年《ねん》でこの都《みやこ》をすてて、別《べつ》の場所《ばしょ》に平安京《へいあんきょう》をつくりました。その理由《りゆう》にはこんな説《せつ》があります。

建設《けんせつ》の責任者《せきにんしゃ》が暗殺《あんさつ》された！

長岡京《ながおかきょう》の建設《けんせつ》は、天皇《てんのう》が信頼《しんらい》するけらいの藤原種継《ふじわらのたねつぐ》が任《まか》されていました。ところが、建設開始《けんせつかいし》から1年《ねん》が過《す》ぎた頃《ころ》、種継《たねつぐ》が何者《なにもの》かによって暗殺《あんさつ》されてしまいます。すぐに犯人《はんにん》グループは捕《つか》まり処罰《しょばつ》されたのですが、この出来事《できごと》がさらなる大《おお》きな不幸《ふこう》を引《ひ》き起《お》こすことになりました。

処罰《しょばつ》した弟《おとうと》・早良親王《さわらしんのう》の死《し》!!

藤原種継暗殺《ふじわらのたねつぐあんさつ》に、弟《おとうと》で*皇太子《こうたいし》の早良親王《さわらしんのう》が関《かか》わっていると聞《き》いて激怒《げきど》した桓武天皇《かんむてんのう》は、早良親王《さわらしんのう》から皇太子《こうたいし》の位《くらい》を奪《うば》い、淡路《あわじ》（兵庫県《ひょうごけん》）へ島流《しまなが》しの刑《けい》にしました。無罪《むざい》を主張《しゅちょう》していた早良親王《さわらしんのう》は、桓武天皇《かんむてんのう》のひどい対応《たいおう》に怒《おこ》って食事《しょくじ》を拒《こば》み、島《しま》に向《む》かう途中《とちゅう》、衰弱死《すいじゃくし》してしまいました。

*皇太子《こうたいし》＝次《つぎ》の天皇《てんのう》になる資格《しかく》を持《も》つ人《ひと》

早良親王《さわらしんのう》の怨霊《おんりょう》が怖《こわ》かった!?

早良親王《さわらしんのう》の死《し》から数年後《すうねんご》、さまざまな不幸《ふこう》が桓武天皇《かんむてんのう》を襲《おそ》います。数年《すうねん》の間《あいだ》に、妻《つま》や実《じつ》の母《はは》などの身近《みぢか》な人《ひと》たちが相次《あいつ》いで亡《な》くなったり、天候不順《てんこうふじゅん》による凶作《きょうさく》や、悪《わる》い病気《びょうき》が流行《りゅうこう》するなどの異変《いへん》が続《つづ》いたりしたのです。

これらの不吉《ふきつ》な出来事《できごと》の原因《げんいん》を占《うらな》わせると、早良親王《さわらしんのう》の怨霊《おんりょう》のせいだという結果《けっか》が出《で》ます。驚《おどろ》いた桓武天皇《かんむてんのう》は、怨霊《おんりょう》の怒《いか》りをしずめようと供養《くよう》を行《おこな》いますが、騒《さわ》ぎはいっこうにやみません。とうとう桓武天皇《かんむてんのう》は長岡京《ながおかきょう》をあきらめ、平安京《へいあんきょう》に都《みやこ》を移《うつ》すことにしたのだそうです。

2章《しょう》
これが都《みやこ》を守《まも》る神様《かみさま》だ!!

ワシの許《ゆる》しも得《え》ずに平安京《へいあんきょう》に入《はい》り込《こ》もうとは……ひと思《おも》いに食《く》ってやろうか!?
ヒー

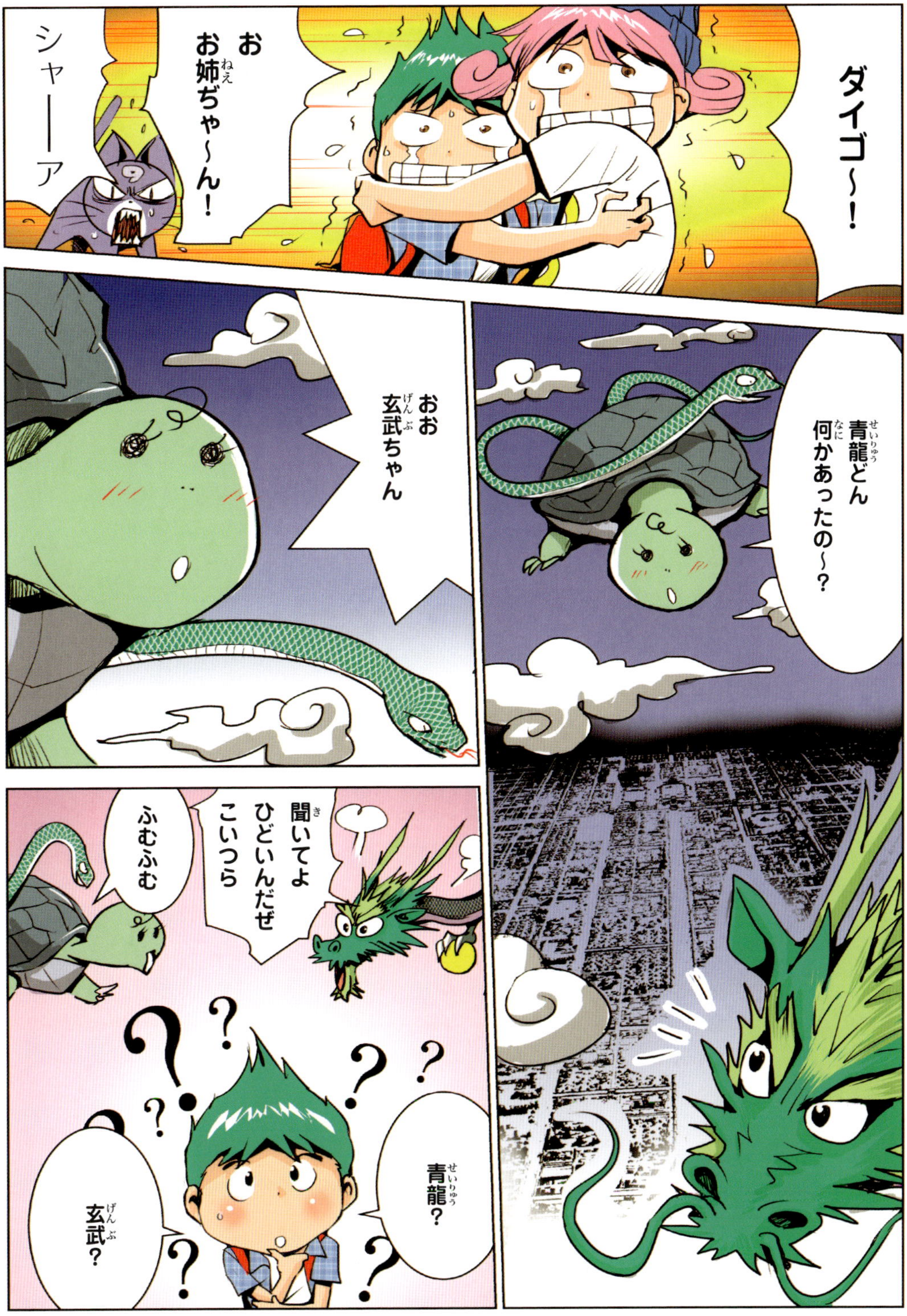

ダイゴ～！
お
お姉《ねえ》ぢゃ～ん！
シャーーア
青龍《せいりゅう》どん
何《なに》かあったの～？
おお
玄武《げんぶ》ちゃん
聞《き》いてよ
ひどいんだぜ
こいつら
ふむふむ
青龍《せいりゅう》？
玄武《げんぶ》？

そうか　四神《しじん》だ！
都《みやこ》を守《まも》る
４つの伝説《でんせつ》の動物《どうぶつ》だ！
青龍《せいりゅう》は
東《ひがし》の守《まも》り神《がみ》
玄武《げんぶ》は
北《きた》の守《まも》り神《がみ》
北《きた》
玄武《げんぶ》
西《にし》
白虎《びゃっこ》
東《ひがし》
青龍《せいりゅう》
南《みなみ》
朱雀《すざく》
みんな
何《なに》をさわいで
いるんだい？
バサ
バサ
お姉《ねえ》ちゃん
見《み》て！
南《みなみ》の守《まも》り神《がみ》
朱雀《すざく》だよ！
きゃ～
朱雀《すざく》
きれい～♡
朱雀《すざく》
青龍《せいりゅう》
玄武《げんぶ》

んっ?
キラン
ズンッ
白虎《びゃっこ》
ひっ
シャーッ

あわわわわ
やあ
白虎《びゃっこ》くん
全員《ぜんいん》そろったね
青龍《せいりゅう》
てめぇ
点数稼《てんすうかせ》ぎたいからって
こんなかわいい
子《こ》ネコちゃんを
いじめることは
ねえじゃねーか!
こいつら
結界《けっかい》*破《やぶ》りの
不審者《ふしんしゃ》なんだよ!
ネコ科《か》の動物《どうぶつ》に
悪《わる》いやつが
いるわけないだろ!!
まあ まあ まあ
のんびりいこうよ
とりあえず
この人間《にんげん》たちを
どうするか
決《けつ》をとろうか
ピシッ
ピシッ
ピシッ
パリン
結界《けっかい》が
破《やぶ》れた!
*結界《けっかい》=悪《わる》い影響《えいきょう》を与《あた》えるものごとから身《み》を守《まも》るために一定《いってい》の領域《りょういき》を区切《くぎ》ること

ピタッ
うわあぁぁぁ
ドサッ
タイムワープって
毎回《まいかい》こうなのかしら?
どこだろう? ここ
橋《はし》の上《うえ》だニャ〜

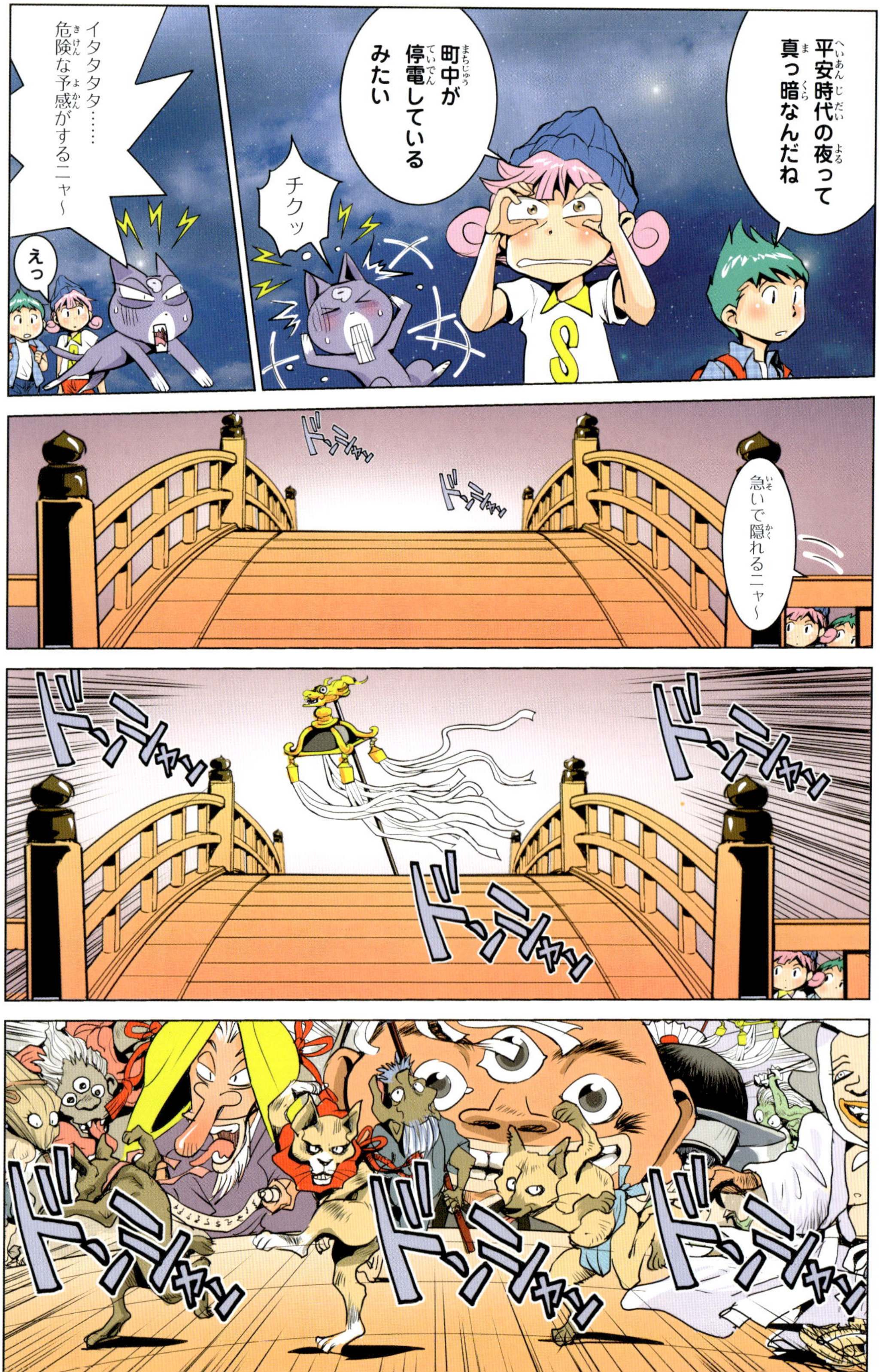

平安《へいあん》時代《じだい》の夜《よる》って真《ま》っ暗《くら》なんだね
町中《まちじゅう》が停電《ていでん》しているみたい
チクッ
イタタタタ……
危険《きけん》な予感《よかん》がするニャ〜
えっ
ドンシャン
ドンシャン
急《いそ》いで隠《かく》れるニャ〜
ドンシャン
ドンシャン
ドンシャン
ドンシャン
ドンシャン
ドンシャン

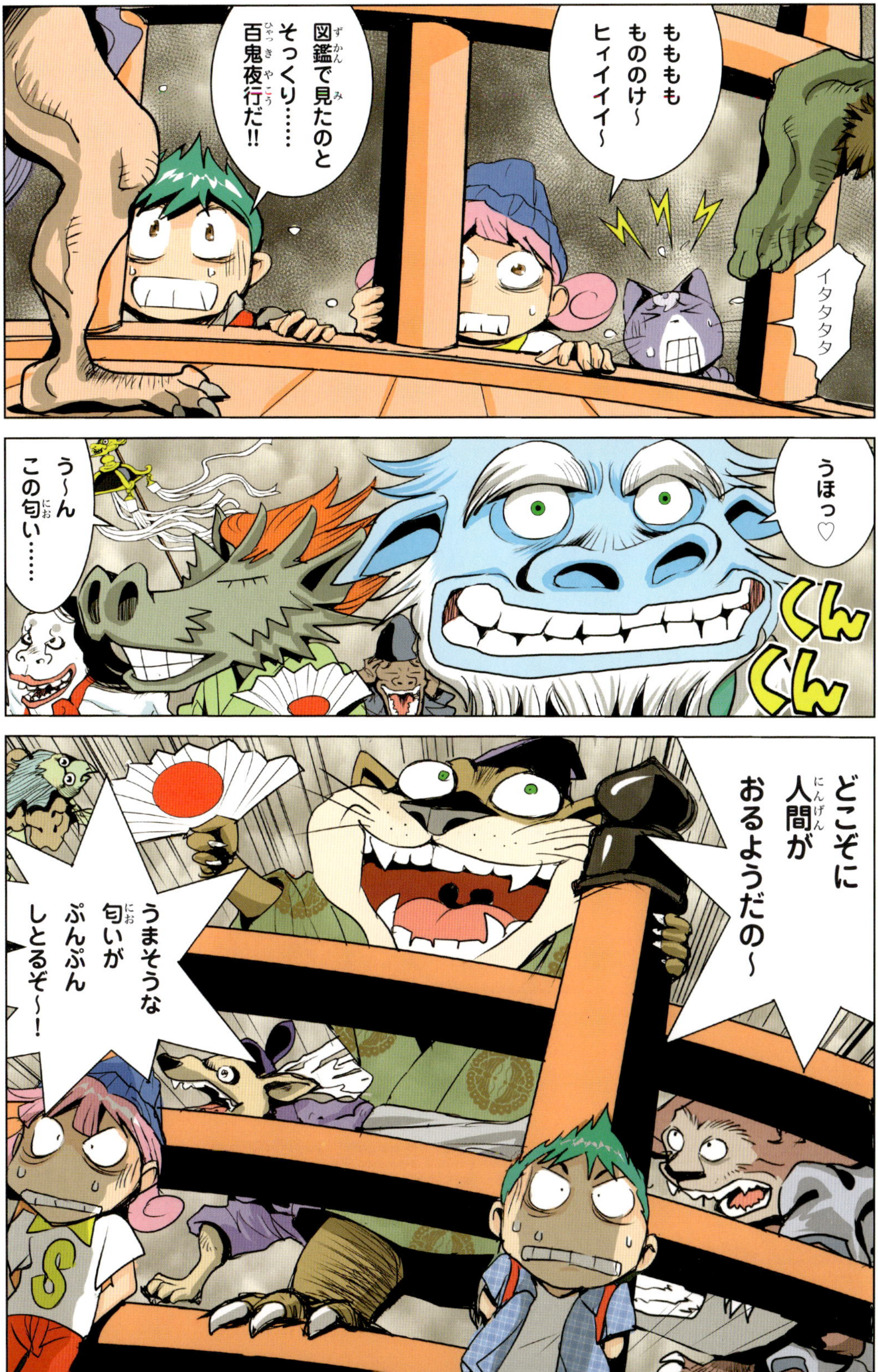
もももも もののけ～ ヒィイイイ～
図鑑《ずかん》で見《み》たのと そっくり…… 百鬼夜行《ひゃっきやこう》だ!!
イタタタタ
うほっ♡
くんくん
う～ん この匂《にお》い……
どこぞに 人間《にんげん》が おるようだの～
うまそうな 匂《にお》いが ぷんぷん しとるぞ～～!

捕《つか》まえて食《く》ろうてやろう
はっはっは
そうしようそうしよう
ひやっ
がくがくがく
ぎゅるるるるるるる
なっ……
なんでこんな時《とき》に腹《はら》の虫《むし》？
頭《あたま》が割《わ》れるニャ〜
ペロッ
ヒッ

人間《にんげん》見《み》～つけたぁ～
うわあああああ
ダッ
ゲッ
スカスカ
ケケケケ
ポロン
ひー

そうだ
この鞠《まり》が
あったわ！
はっ
ほっ
ウルトラ・マグナム・サラ・シュート!!

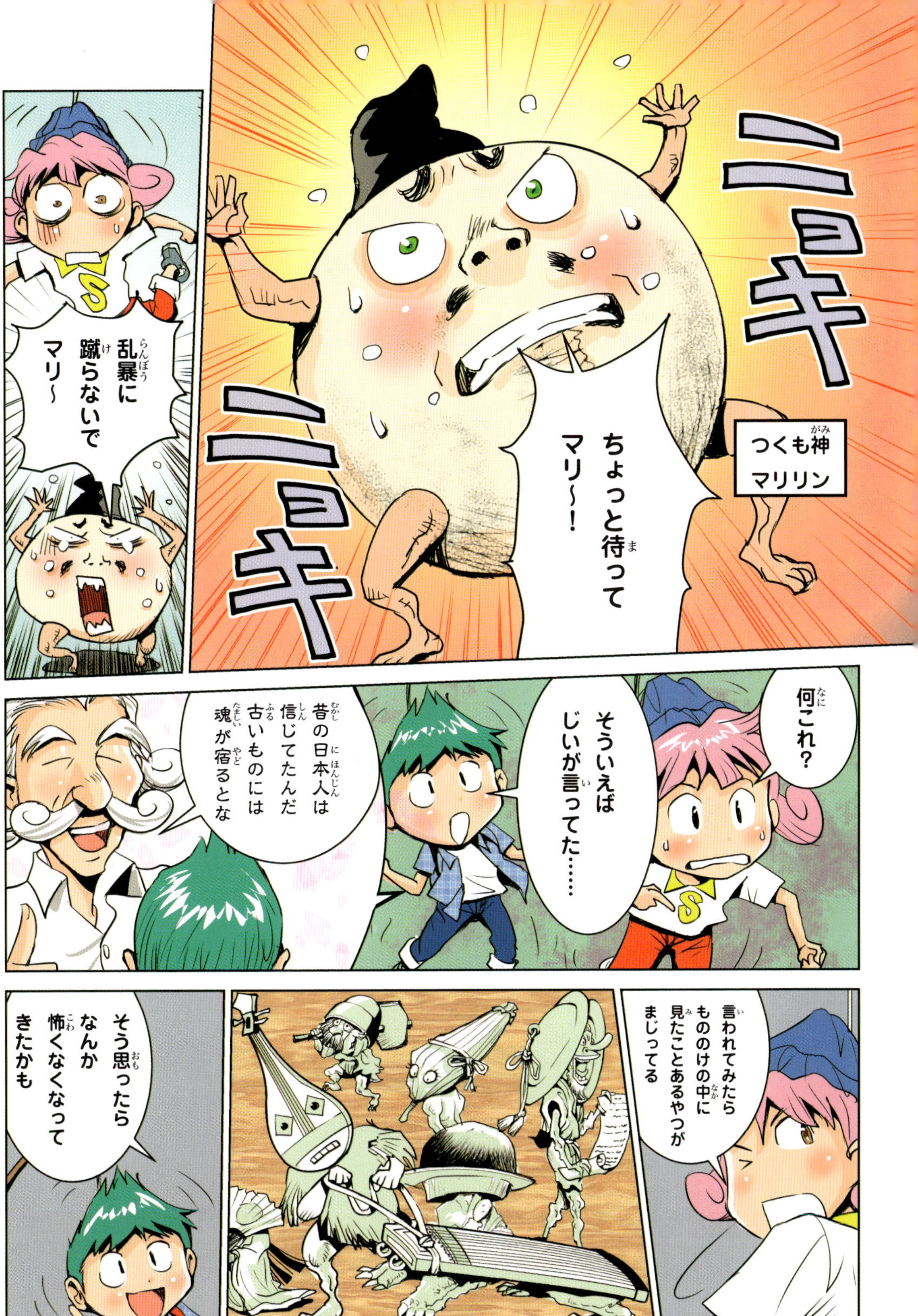
ニョキ
つくも神《がみ》
マリリン
ちょっと待《ま》って
マリ〜！
ニョキ
乱暴《らんぼう》に
蹴《け》らないで
マリ〜
何《なに》これ？
そういえば
じいが言《い》ってた……
昔《むかし》の日本人《にほんじん》は
信《しん》じてたんだ
古《ふる》いものには
魂《たましい》が宿《やど》るとな
言《い》われてみたら
もののけの中《なか》に
見《み》たことあるやつが
まじってる
そう思《おも》ったら
なんか
怖《こわ》くなくなって
きたかも

怖《こわ》く
ないだと……?
ややややっぱり怖《こわ》い……
ひ〜〜〜
プリッ
ヒュルゥ

!?
ドロドロドロ
?

平安京《へいあんきょう》ってどんなところ？

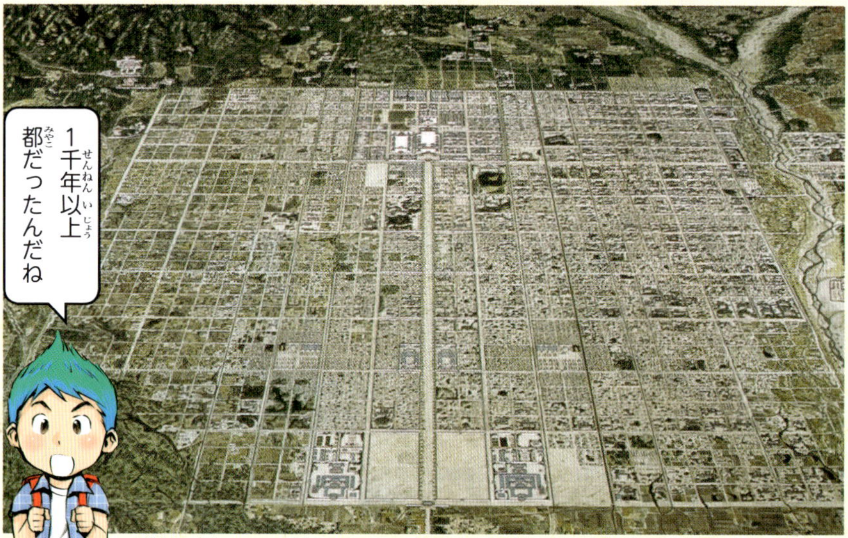

平安京《へいあんきょう》の模型《もけい》（1／1千《せん》）
中央上下《ちゅうおうじょうげ》（南北《なんぼく》）にのびる大《おお》きな通《とお》りが朱雀大路《すざくおおじ》

写真：京都市歴史資料館

①唐《とう》（中国《ちゅうごく》）の都《みやこ》がモデル

平安京《へいあんきょう》は、奈良時代《ならじだい》の都《みやこ》・平城京《へいじょうきょう》と同《おな》じく、唐《とう》の都《みやこ》・長安《ちょうあん》をモデルにしてつくられました。東西約《とうざいやく》4・5㎞、南北約《なんぼくやく》5・2㎞の広《ひろ》さの都《みやこ》には、いくつもの通《とお》りが碁盤《ごばん》の目《め》のように規則正《きそくただ》しく並《なら》んでいました。

平安京《へいあんきょう》は、中央《ちゅうおう》にまっすぐのびる朱雀大路《すざくおおじ》を中心《ちゅうしん》に東西《とうざい》に分《わ》けられ、東側《ひがしがわ》を左京《さきょう》、西側《にしがわ》を右京《うきょう》と呼《よ》んでいました。都《みやこ》の北部中央《ほくぶちゅうおう》には、政治上《せいじじょう》の仕事《しごと》や儀式《ぎしき》を行《おこな》う建物《たてもの》が並《なら》ぶ大内裏《だいだいり》（宮城《きゅうじょう》）があり、その中《なか》に天皇《てんのう》の宮殿《きゅうでん》である内裏《だいり》がありました。大内裏《だいだいり》の近《ちか》くには高級貴族《こうきゅうきぞく》の家《いえ》があり、人々《ひとびと》の住居《じゅうきょ》はそれより南《みなみ》にありました。

都《みやこ》のある場所《ばしょ》は、交通《こうつう》の便《べん》がよく、また近《ちか》くには川《かわ》の水《みず》も豊富《ほうふ》で、生活《せいかつ》に便利《べんり》な恵《めぐ》まれたところでした。平安京《へいあんきょう》は、明治時代《めいじじだい》に日本《にほん》の首都《しゅと》が東京《とうきょう》に定《さだ》められるまで、1千年以上都《せんねんいじょうみやこ》として栄《さか》えました。

もの知《し》りコラム

平安京《へいあんきょう》は、伝説《でんせつ》の生《い》き物《もの》・四神《しじん》に守《まも》られている!?

平安京《へいあんきょう》は、中国《ちゅうごく》から伝《つた》わった「四神相応《しじんそうおう》」という考《かんが》え方《かた》に基《もと》づいてつくられたといわれています。

「四神相応《しじんそうおう》」とは、東西南北《とうざいなんぼく》の方角《ほうがく》にいるとされる4つの守《まも》り神《がみ》が、それぞれのパワーを発揮《はっき》するのに最《もっと》も適《てき》した土地《とち》環境《かんきょう》のことです。

◆ ◆ ◆

東西南北《とうざいなんぼく》の四神《しじん》とは、東《ひがし》の青龍《せいりゅう》、西《にし》の白虎《びゃっこ》、南《みなみ》の朱雀《すざく》、北《きた》の玄武《げんぶ》のことです。「四神相応《しじんそうおう》」によると、青龍《せいりゅう》は川《かわ》、白虎《びゃっこ》は道《みち》、朱雀《すざく》は池《いけ》、玄武《げんぶ》は山《やま》がある環境《かんきょう》で、パワーを最《もっと》も発揮《はっき》するのだそうです。

◆ ◆ ◆

この条件《じょうけん》を平安京《へいあんきょう》に当《あ》てはめてみると、平安京《へいあんきょう》の東《ひがし》（青龍《せいりゅう》）には鴨川《かもがわ》、西《にし》（白虎《びゃっこ》）には山陰道《さんいんどう》、南《みなみ》（朱雀《すざく》）には巨椋池《おぐらいけ》、北《きた》（玄武《げんぶ》）には船岡山《ふなおかやま》があります。このことから、平安京《へいあんきょう》は「四神《しじん》相応《そうおう》」の考《かんが》え方《かた》に合《あ》った都《みやこ》づくりになっていることがわかります。

桓武天皇《かんむてんのう》は、この都《みやこ》で平和《へいわ》で安全《あんぜん》な生活《せいかつ》が送《おく》れるように、四神《しじん》のパワーを借《か》りようとしていたのかもしれませんね。

四神《しじん》と方角《ほうがく》

四神《しじん》は、中国《ちゅうごく》で信《しん》じられていた空想上《くうそうじょう》の動物《どうぶつ》。天《てん》の東西南北《とうざいなんぼく》を守《まも》るだけでなく、よいことが起《お》こる前触《まえぶ》れとして大切《たいせつ》にされていた

玄武《げんぶ》
天《てん》の北方《ほっぽう》を守《まも》る。亀《かめ》に蛇《へび》が巻《ま》きついた姿《すがた》をしている。「げんむ」とも読《よ》む
青龍《せいりゅう》
天《てん》の東方《とうほう》を守《まも》る。青《あお》い色《いろ》の巨大《きょだい》な龍《りゅう》。「せいりょう」とも読《よ》む
白虎《びゃっこ》
天《てん》の西方《せいほう》を守《まも》る。白《しろ》い色《いろ》の虎《とら》の姿《すがた》をしている
朱雀《すざく》
天《てん》の南方《なんぽう》を守《まも》る。中国《ちゅうごく》の想像上《そうぞうじょう》の鳥《とり》・鳳凰《ほうおう》に似《に》た赤《あか》い色《いろ》の鳥《とり》。美《うつく》しく大《おお》きな羽《はね》を持《も》つ

妖怪《ようかい》は
明《あ》け方《がた》や夕方《ゆうがた》の
薄暗《うすぐら》い時《とき》に現《あらわ》れる
らしいニャ～

3章《しょう》
平安京《へいあんきょう》は妖怪《ようかい》がいっぱい！

シャーーッ
ズン
ひーー

化《ば》けネコ怖《こわ》い――っ
ボン
ニャン丸《まる》すご～い！
きゅ～～っ
ええ？
なんだ？この葉《は》っぱ
ピクッ ピクッ

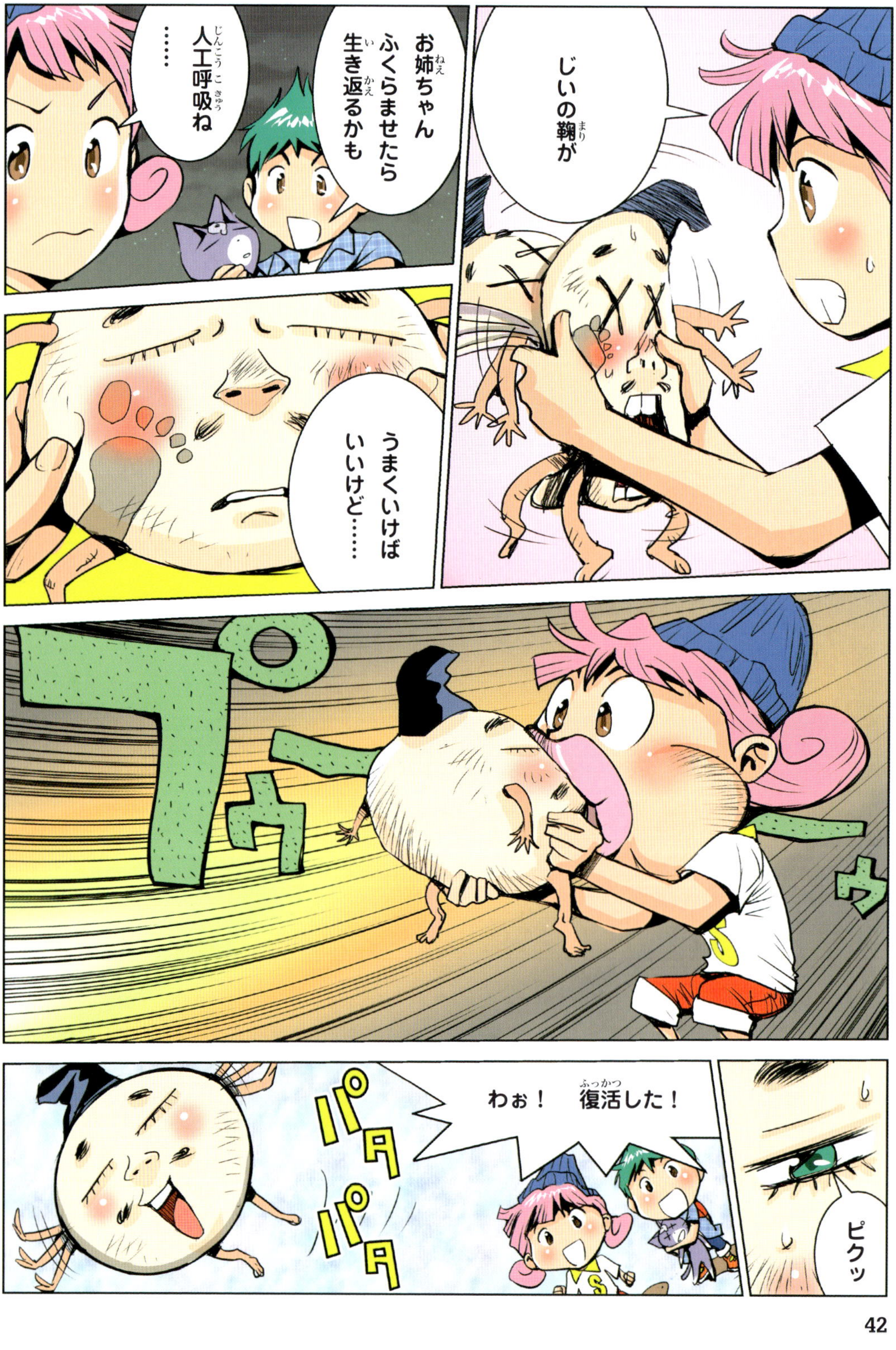

じいの鞠《まり》が
お姉《ねえ》ちゃん ふくらませたら 生《い》き返《かえ》るかも
人工《じんこう》呼吸《こきゅう》ね ……
うまくいけば いいけど……
プゥーゥ
ピクッ
わぉ！ 復活《ふっかつ》した！
パタ パタ

ありがとうございますマリ！ あなたは命《いのち》の恩人《おんじん》……！
一生《いっしょう》サラ姫様《ひめさま》につくしますマリ
あなたって妖怪《ようかい》だったの？
わたしは「つくも神《がみ》」さっきのも仲間《なかま》マリ
人間《にんげん》が日常《にちじょう》で使《つか》う器物《きぶつ》は100年《ねん》たつと魂《たましい》を持《も》つ妖怪《ようかい》になるマリ
わたしはずっと暗《くら》い物置《ものおき》に忘《わす》れ去《さ》られ あまりの寂《さび》しさに仲間《なかま》の力《ちから》を借《か》りて平安時代《へいあんじだい》に行《い》こうとしたところ……
みなさんを巻《ま》き込《こ》んでしまったマリ！本当《ほんとう》に本当《ほんとう》に申《もう》し訳《わけ》なかったマリ!!
そうか今回《こんかい》のタイムワープはそういうことだったのか
わたしもダイゴも慣《な》れてるから気《き》にしなくて大丈夫《だいじょうぶ》
それより無事《ぶじ》に帰《かえ》れたら思《おも》いっきりサッカーやろうよマリリン！
マ……マリリン!?

ニャン丸《まる》も
こんな状態《じょうたい》だしね
明《あか》るくなるまで
身《み》を隠《かく》す場所《ばしょ》を
探《さが》そうよ
そうね
あと
食《た》べ物《もの》も欲《ほ》しいわね
マリリン……
初《はじ》めてだ
初《はじ》めて
自分《じぶん》だけの
名前《なまえ》をもらった
……♡
隠《かく》れる場所《ばしょ》と食《た》べ物《もの》
……！
このマリリンに
お任《まか》せあれマリ！
サラ姫様《ひめさま》の
お役《やく》に立《た》つために
がんばるマリマリ
お〜〜
すごっ！
案外《あんがい》
役《やく》に立《た》つかも
ギャッ
ドドッ
……

……サラ姫様《ひめさま》 面目《めんぼく》ないマリ なんせ 体《からだ》を動《うご》かすのが 久《ひさ》しぶりなもので……
気《き》にしなくて いいよ マリリン
にしても すごい 道幅《みちはば》だね
平安京《へいあんきょう》は 狭《せま》い道《みち》でも道幅《みちはば》が 約《やく》12ｍ 広《ひろ》い道《みち》が約《やく》24ｍ
一番広《いちばんひろ》い 朱雀大路《すざくおおじ》は 約《やく》84ｍも あったって
なんか ぼくたちの知《し》ってる 街並《まちな》みと スケール感《かん》が 全然違《ぜんぜんちが》うね

ヒッ
や……やめろっ!!
近寄《ちかよ》るな！
うわ～っつ
だ……
誰《だれ》か助《たす》けてー!!
!!
ハア
ハア
ハア
陰陽師《おんみょうじ》
佳秀《よしひで》
こりゃ 上《じょう》ものだ
人買《ひとか》いに売《う》ったら
3月《みつき》は遊《あそ》んで
暮《く》らせるぜ
ブン
ブン
わ～
よ……
寄《よ》るなー!!

人間《にんげん》が食《く》いてぇ～
うまそうなヒゲ面《づら》の
大人《おとな》の人間《にんげん》が
食《く》いたくてたまんね～！
も……
もののけ
だ～！

あうあああぁ
プルプル
プルプル
プルプル
プルプル
プルプル
ドターン
うわあぁ
お……重《おも》い

改《あらた》めて お礼《れい》を申《もう》し上《あ》げます
危《あぶ》ないところを 助《たす》けていただき ありがとうございました
わたくし 陰陽師《おんみょうじ》の 佳秀《よしひで》と申《もう》します
佳秀《よしひで》さん……
お師匠様《ししょうさま》のお供《とも》をして 夜道《よみち》を歩《ある》いていたところ 突然《とつぜん》 盗賊《とうぞく》に襲《おそ》われて お師匠様《ししょうさま》とはぐれてしまったのです
陰陽師《おんみょうじ》って あの 安倍晴明《あべのせいめい》で 有名《ゆうめい》な? テレビで見《み》たよ!
あ…… いや わたくしのお師匠様《ししょうさま》は 晴明様《せいめいさま》ではなくて ……
でも 陰陽師《おんみょうじ》なんでしょ?
まだ その 見習《みなら》いの 修行中《しゅぎょうちゅう》の身《み》ですが……
お姉《ねえ》ちゃーん すごいよ 本物《ほんもの》の陰陽師《おんみょうじ》だって!
あ…… だから そんな……

あの……佳秀《よしひで》さん陰陽師《おんみょうじ》ってどんな職業《しょくぎょう》なのかしら?
だから安倍晴明《あべのせいめい》みたいな……
わたしは佳秀《よしひで》さんから聞《き》きたいの
星《ほし》の観測《かんそく》やそれに基《もと》づいた占《うらな》いなどの研究《けんきゅう》を行《おこな》うのが仕事《しごと》です
星《ほし》の観測《かんそく》……とてもロマンチックね～
怨霊《おんりょう》や病気《びょうき》や災難《さいなん》から帝《みかど》＊や貴族《きぞく》たちを守《まも》るためにおはらいもします
病気《びょうき》から守《まも》るなんてお医者様《いしゃさま》みたいな仕事《しごと》もするのね

＊帝《みかど》＝天皇《てんのう》

お姉《ねえ》ちゃん陰陽師《おんみょうじ》といったら怨霊退治《おんりょうたいじ》だよ!
怨霊《おんりょう》??
怨霊《おんりょう》は強《つよ》い恨《うら》みや憎《にく》しみを持《も》つ人間《にんげん》の思《おも》いが生《う》む化《ば》け物《もの》です
怨霊《おんりょう》の強《つよ》い思《おも》いはたたりをおこしたり病気《びょうき》の原因《げんいん》になることもあるんです
その怨霊《おんりょう》を追《お》い払《はら》うのが陰陽師《おんみょうじ》だよ! ね 佳秀《よしひで》さん
やだー かっこいい~
わたくしにそんな力《ちから》はありません
わたくしよりあなたたちのほうがよっぽど強《つよ》い

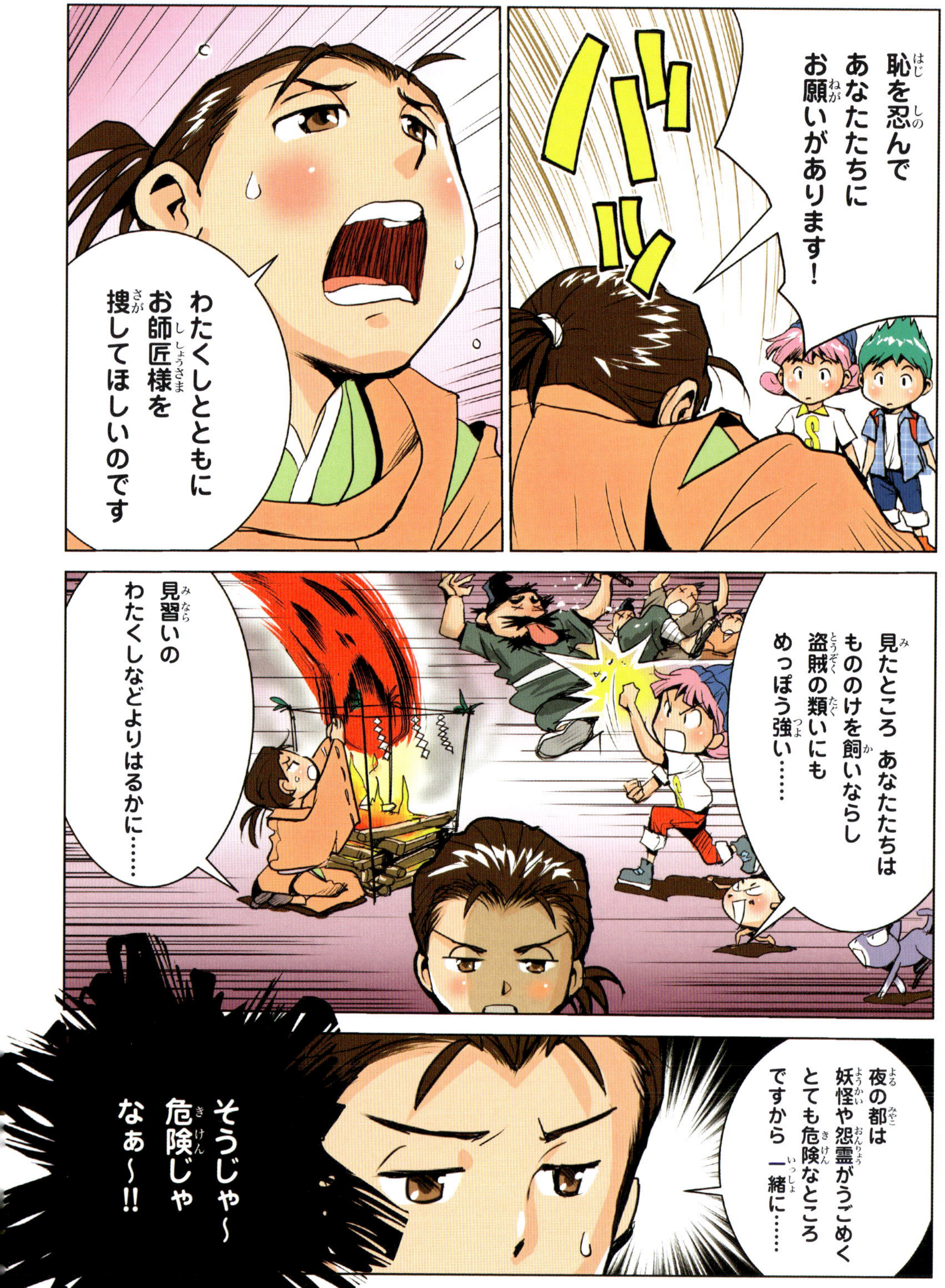
恥《はじ》を忍《しの》んで
あなたたちに
お願《ねが》いがあります!
わたくしとともに
お師匠様《ししょうさま》を
捜《さが》してほしいのです
見《み》たところ あなたたちは
もののけを飼《か》いならし
盗賊《とうぞく》の類《たぐ》いにも
めっぽう強《つよ》い……
見習《みなら》いの
わたくしなどよりはるかに……
夜《よる》の都《みやこ》は
妖怪《ようかい》や怨霊《おんりょう》がうごめく
とても危険《きけん》なところ
ですから一緒《いっしょ》に……
そうじゃ～
危険《きけん》じゃ
なぁ～!!

なぜならわしがいるからのぉ〜!!
ゴゴ
ゴゴゴ
ま……将門《まさかど》の怨霊《おんりょう》だ〜!!

平安時代《へいあんじだい》の妖怪《ようかい》たち

① 平安貴族《へいあんきぞく》を脅《おびや》かすものたち

平安時代《へいあんじだい》の貴族《きぞく》たちは、「もののけ」や「妖怪《ようかい》」、「怨霊《おんりょう》」などの存在《そんざい》を信《しん》じ、それらに危害《きがい》を加《くわ》えられることを恐《おそ》れ、おびえながら生活《せいかつ》していました。

平安貴族《へいあんきぞく》がいう「もののけ」とは、不特定《ふとくてい》の何《なに》か（もの）の霊力《れいりょく》を意味《いみ》する「物気《もののけ》」と、死霊《しりょう》や生《い》き霊《りょう》、またそれらが人《ひと》にたたることを意味《いみ》する「物《もの》の怪《け》」を指《さ》します。「妖怪《ようかい》」とは、不思議《ふしぎ》な現象《げんしょう》を起《お》こす「もののけ」のことで、主《おも》に異世界《いせかい》にすみ、たまに人間《にんげん》界《かい》に現《あらわ》れると考《かんが》えられていました。「怨霊《おんりょう》」とは、強《つよ》い恨《うら》みや憎《にく》しみを持《も》つ人間《にんげん》の思《おも》いが生《う》む化《ば》け物《もの》のことです。怨霊《おんりょう》が持《も》つ強《つよ》い思《おも》いは、たたりを起《お》こしたり、病気《びょうき》や死《し》の原因《げんいん》になったりする場合《ばあい》もあると信《しん》じられていました。

もの知りコラム

妖怪《ようかい》たちが大行進《だいこうしん》 「百鬼夜行絵巻《ひゃっきやこうえまき》」

人間《にんげん》が寝静《ねしず》まった真夜中《まよなか》に、たくさんの妖怪《ようかい》たちが大行《だいこう》進《しん》するという――。左《ひだり》の絵《え》は、そんな「百鬼夜行《ひゃっきやこう》」の様子《ようす》を描《えが》いた絵巻物《えまきもの》です。

妖怪《ようかい》たちの姿形《すがたかたち》は、多《おお》くの絵師《えし》たちによって想像《そうぞう》され、絵巻《えまき》などに描《か》き残《のこ》されています。その代表的《だいひょうてき》な絵巻《えまき》のひとつ「百鬼夜行絵巻《ひゃっきやこうえまき》」には、現代《げんだい》の妖怪漫画《ようかいまんが》に登場《とうじょう》しそうな、奇妙《きみょう》でかわいいものもたくさんいます。

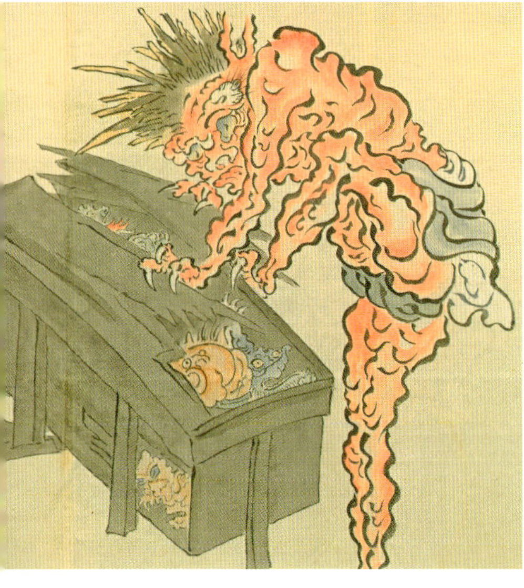

ウソ？ホント？

平将門《たいらのまさかど》さんに聞《き》きました
なぜ怨霊《おんりょう》になったの？

ダイゴ　平将門《たいらのまさかど》さんってどういう人《ひと》なんですか？

将門《まさかど》　わしはもともと、下総国北部《しもうさのくにほくぶ》（茨城県《いばらきけん》）を本拠《ほんきょ》地《ち》とする武士《ぶし》じゃ。父《ちち》の領地《りょうち》を奪《うば》った親戚《しんせき》との戦《たたか》いに勝利《しょうり》した時《とき》、わしの強《つよ》さが注目《ちゅうもく》され、関《かん》東武士《とうぶし》の人気者《にんきもの》になったんじゃぞ。

サラ　そんな将門《まさかど》さんが、なぜ怨霊《おんりょう》になったの？

将門《まさかど》　あれは939（天慶《てんぎょう》2）年《ねん》のことじゃった。多《おお》くの武士《ぶし》から慕《した》われるようになったわしのもとに、常陸国《ひたちのくに》（茨城県《いばらきけん》）の役人《やくにん》と対立《たいりつ》する藤原玄明《ふじわらのはるあき》が助《たす》けを求《もと》めてきたんじゃ。わしは彼《かれ》をかくまい、役人《やくにん》と戦《たたか》って勝利《しょうり》した。この時《とき》、勢《いきお》いに乗《の》ったわしは、関東全域《かんとうぜんいき》を制圧《せいあつ》して、「わしが新《あたら》しい天皇《てんのう》（新皇《しんのう》）じゃー!!」なんて言《い》ってたんじゃが、結局朝廷側《けっきょくちょうていがわ》の軍《ぐん》に攻《せ》められて討《う》ち死《じ》にしてしまったんじゃ。

ニャン丸《まる》　それが怨霊《おんりょう》になった理由《りゆう》ニャン？

将門《まさかど》　問題《もんだい》はそのあとじゃ。死《し》んだわしの首《くび》は、切《き》り取《と》られて都《みやこ》に運《はこ》ばれ、さらし首《くび》にされたんじゃ。わしは胴体《どうたい》に戻《もど》りたくてのぉ……怨霊《おんりょう》となって首《くび》だけで飛《と》び回《まわ》るようになったんじゃ。

とがった頭髪《とうはつ》の赤鬼《あかおに》が、鋭《するど》い爪《つめ》を箱《はこ》にかけてこじ開《あ》けている。箱《はこ》の中《なか》にいた妖怪《ようかい》たちは、我先《われさき》にと逃《に》げ出《だ》していく

「百鬼夜行絵巻」（部分）
国立国会図書館蔵　（以下のコラムページも）

4章《しょう》

将門《まさかど》の怨霊《おんりょう》から逃《に》げろ!!

はっはっは
ゴウオォォ
わあ
ギュン
おらおらおら
ぎゅん

あの牛車《ぎっしゃ》の下《した》に隠《かく》れましょう
はあ
はあ
はあ
将門《まさかど》っていったい何者《なにもの》なの？
ははは
ダッ
今《いま》だ！それっ
ドドドドドドド
「新皇《しんのう》」を名乗《なの》り帝《みかど》にはむかって殺《ころ》された関東《かんとう》の武士《ぶし》・平将門《たいらのまさかど》です！

ぐはははは
隠《かく》れても無駄《むだ》だっ！
にしても 何《なん》で首《くび》だけなの？
故郷《こきょう》の関東《かんとう》で討《う》ち取《と》られた将門《まさかど》は首《くび》だけ都《みやこ》に運《はこ》ばれ河原《かわら》にさらし首《くび》にされたのですが……
うっうう この恨《うら》み……
はらさで おくべきか……
何《なん》カ月《げつ》たっても腐《くさ》りもせず夜《よ》な夜《よ》な目《め》を見開《みひら》き歯《は》ぎしりしついには故郷《こきょう》に向《む》かって飛《と》び去《さ》ったといわれているのです
呪《のろ》ってやる～ たたってやるぞ～
ゴゴゴ
ゴゴゴ
お姉《ねえ》ちゃん！ 将門《まさかど》の首伝説《くびでんせつ》は1千年《せんねん》たった現代《げんだい》の東京《とうきょう》でもまだ信《しん》じられてるって
こ……これが怨霊《おんりょう》なの!?
ヒ～

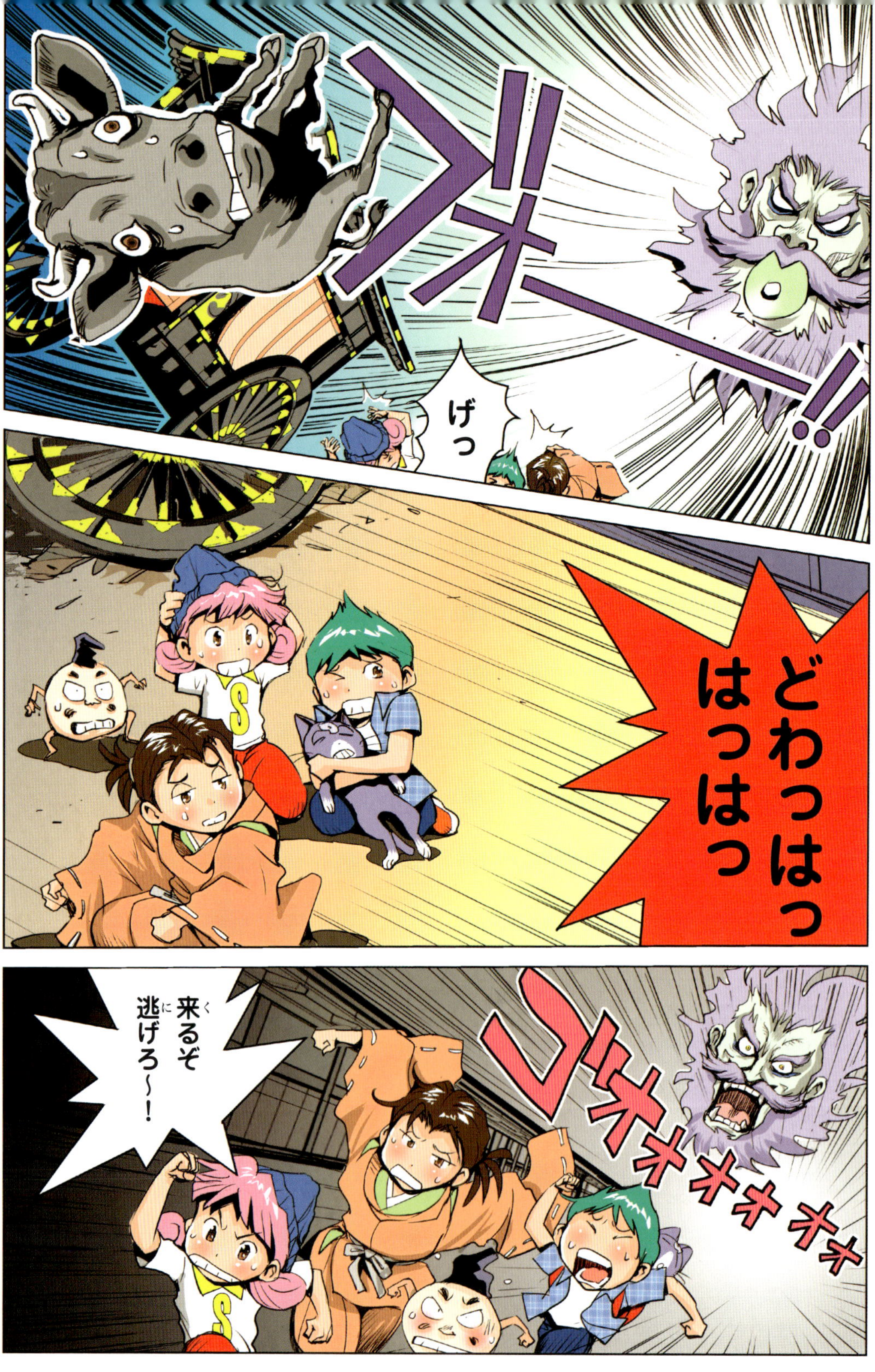
ズオー!!
げっ
どわっはっはっ
ゴオオオオオオ
来《く》るぞ
逃《に》げろ〜〜!

マリリン
つくも神《がみ》って
何《なに》か力《ちから》
持《も》ってないの?
キラリ
サラ姫様《ひめさま》
わたしの力《ちから》は
ただ1つ!
ギュルルルル
それは……
ダダン!
勇気《ゆうき》だマリ!!
ガオオオオオ
アチチチチッ
げっ
マリリン!!

行《ゆ》き止《ど》まり!!
ハァ
ハァ
ハァ
ばっ
誰《だれ》か……
誰《だれ》でもいいから
助《たす》けて……!!
ヒュしゅゥ
!!
プツッ

あっ
また あの
葉《は》っぱが……
はあっ
ピタッ
はあっ
はあっ
ニャンだか
わからない
けど……
この葉《は》っぱが
あると……
カッ
化《ば》けネコに
なれるんだニャ～
ドッ
ニャン丸《まる》
がんばって！

ゴオオオオ
シャーーッ
ネコパンチ百連発《ひゃくれんぱつ》!!
バッ
バッ
バッ
バッ
バッ
バッ

グワッ
!!
バクン
!?
ニャ……
ニャン丸《まる》～!!

ニャン丸《まる》が～！
ダイゴ！
ダッ
ニャン丸《まる》を返《かえ》せ～
わー
ダイゴ
ガシッ

ずい
わたくしが
がんばって
みます
ブツブツ
ガッ
やあっ!!

ヘロヘロ
ヘロ
悪霊退散《あくりょうたいさん》！怨敵調伏《おんてきちょうぶく》！悪霊退散《あくりょうたいさん》！怨敵調伏《おんてきちょうぶく》！
行《い》け～！
ふー
そんなもの鼻息《はないき》で十分《じゅうぶん》じゃ！
フン
パンッ

あちゃぁ……
粉々《こなごな》になっちゃった
すでに その御符《ごふ》 我《わ》が怨念《おんねん》の鼻息《はないき》で
呪《のろ》いになったぞ!!
わっはっはっ
へ……へ……へ……
へっくしょん!!
ジュルンジュルンジュルンジュルンジュル

最強《さいきょう》の陰陽師《おんみょうじ》・安倍晴明《あべのせいめい》

①貴族《きぞく》を守《まも》る陰陽師《おんみょうじ》とは

陰陽師《おんみょうじ》とは、主《おも》に天体観測《てんたいかんそく》やそれに基《もと》づいた占《うらな》いなどの陰陽道《おんみょうどう》の技術《ぎじゅつ》を扱《あつか》う人《ひと》のことです。また実際《じっさい》に、その技術《ぎじゅつ》を使《つか》って、天皇《てんのう》や貴族《きぞく》を怨霊《おんりょう》や病気等《びょうきとう》から守《まも》るおはらいなども行《おこな》いました。

陰陽師《おんみょうじ》には、朝廷内《ちょうていない》の役所《やくしょ》で働《はたら》き、技術《ぎじゅつ》の研究《けんきゅう》などもする官人陰陽師《かんじんおんみょうじ》と、民間《みんかん》で活動《かつどう》する法師陰陽師《ほうしおんみょうじ》がいました。官人陰陽師《かんじんおんみょうじ》は、二十数人程度《にじゅうすうにんていど》しかいなかったので、主《おも》に皇族《こうぞく》や高級貴族《こうきゅうきぞく》しか利用《りよう》できませんでした。そのため中級以下《ちゅうきゅういか》の貴族《きぞく》たちは、法師陰陽師《ほうしおんみょうじ》に依頼《いらい》して、自分《じぶん》たちの身《み》を守《まも》ってもらっていたそうです。

赤《あか》い舌《した》をぺろりと出《だ》す三《み》つ目小僧《めこぞう》

②安倍晴明《あべのせいめい》ってどんな人《ひと》？

平安時代《へいあんじだい》に活躍《かつやく》した陰陽師《おんみょうじ》の中《なか》で、現在最《げんざいもっと》も有名《ゆうめい》なのが安倍晴明《あべのせいめい》です。晴明《せいめい》は、朝廷《ちょうてい》に仕《つか》える官人陰《かんじんおん》陽師《みょうじ》のひとりで、優《すぐ》れた能力《のうりょく》を持《も》っていました。彼《かれ》は難《むずか》しい占《うらな》いや不吉《ふきつ》をはらうだけではなく、天皇《てんのう》や貴族《きぞく》の長寿《ちょうじゅ》や幸福《こうふく》を祈《いの》る重要《じゅうよう》な儀式《ぎしき》も任《まか》されるなど、当《とう》時《じ》の権力者《けんりょくしゃ》たちから高《たか》い信頼《しんらい》を得《え》ていました。

晴明《せいめい》は、朝廷《ちょうてい》の重要《じゅうよう》な役職《やくしょく》をいくつも歴任《れきにん》し、従《じゅ》四位下《しいのげ》というかなり高《たか》い位《くらい》まで出世《しゅっせ》しました。当時《とうじ》としては珍《めずら》しく、85歳《さい》まで長生《ながい》きしたそうです。

もの知《し》りコラム

安倍晴明《あべのせいめい》のマーク　五芒星《ごぼうせい》

5つの線《せん》で結《むす》んだこの図形《ずけい》は、「五芒星《ごぼうせい》」と呼《よ》ばれるマークで、安倍晴明《あべのせいめい》が編《あ》み出《だ》したものといわれています。別名《べつめい》「晴明桔梗《せいめいききょう》」や「セーマン」ともいい、晴明《せいめい》の紋《もん》として使《つか》われています。

ウソ？ホント？

カリスマ陰陽師《おんみょうじ》 安倍晴明伝説《あべのせいめいでんせつ》

安倍晴明《あべのせいめい》には、たくさんの不思議《ふしぎ》な伝説《でんせつ》が残《のこ》されています。平安時代後期《へいあんじだいこうき》にできた、昔話《むかしばなし》やお話《はなし》を集《あつ》めた『今昔物語集《こんじゃくものがたりしゅう》』など、多《おお》くの書物《しょもつ》で読《よ》むことができます。例《たと》えば——、

晴明《せいめい》、烏《からす》の話《はなし》を聞《き》く

ある時晴明《ときせいめい》は、2羽《わ》の烏《からす》の会話《かいわ》を耳《みみ》にしました。烏《からす》の話《はなし》によると、天皇《てんのう》の重《おも》い病気《びょうき》の原因《げんいん》は、内裏《だいり》に埋《う》まっている土器《どき》に宿《やど》った霊《れい》のたたりだというのです。そこで晴明《せいめい》が烏《からす》の言《い》うたたりの原因《げんいん》を取《と》り除《のぞ》くと、天皇《てんのう》は無事回復《ぶじかいふく》したそうです。

ライバル・蘆屋道満《あしやどうまん》と対決《たいけつ》する

晴明《せいめい》には、蘆屋道満《あしやどうまん》というライバル陰陽師《おんみょうじ》がいました。ある時《とき》ふたりは、箱《はこ》の中身《なかみ》の当《あ》て比《くら》べをしました。この時《とき》、中身《なかみ》はミカンだと先《さき》に言《い》い当《あ》てたのは道満《どうまん》でした。けれども晴明《せいめい》が、蓋《ふた》を開《あ》ける前《まえ》に術《じゅつ》を使《つか》ってミカンをネズミに変《か》えたため、道満《どうまん》は負《ま》けてしまいました。

ほかにも、井戸水《いどみず》を念力《ねんりき》でわき出《だ》させた、式神《しきがみ》という精霊《せいれい》を手下《てした》にしているなど、いろいろな晴明伝説《せいめいでんせつ》が残《のこ》されています。

安倍晴明《あべのせいめい》、蘆屋道満《あしやどうまん》と対決《たいけつ》する

「北斎漫画」（部分）

国立国会図書館 HP から

冠《かんむり》をかぶり矛《ほこ》をかついだ青鬼《あおおに》

前《まえ》のめりに走《はし》る赤鬼《あかおに》

5章《しょう》
サラが呪《のろ》いにかけられちゃった!?

サラさんが小《ちい》さくなってしまったぁ〜!
ええー!?
プス
プス
ニャン丸《まる》!
マリリン!
お姉《ねえ》ちゃん
よくもみんなを……!
プッ
クル
クル
クル

ビタッ
ドダッ
さあて 次《つぎ》は どんな手《て》で いたぶって やろうか？
キラリ
よ…… 夜《よ》が 明《あ》ける!!
ピュー
う むう…… 今日《きょう》は このくらいに しといてやる！
わっはっはっはっはっ はっはっは
た…… 助《たす》かった

お姉《ねえ》ちゃ～ん ニャン丸《まる》 無事《ぶじ》だったよー
サラ姫様《ひめさま》～！
ピョコ
ピョコ
うん うん みんな無事《ぶじ》でよかった わたしのことは あんまり気《き》にしなくて いいから ちっちゃいだけだから ははははは……
お姉《ねえ》ちゃん……
うううう

おい おまえたち そこで何《なに》してる？
え？
誰《だれ》？ どこ？
ここだよ ここ
ゆうべ この辺《あた》りを将門《まさかど》の怨霊《おんりょう》が飛《と》び回《まわ》ってたらしいけど見《み》た？
え…… ええ まあ……

見《み》たんだ！
いいなぁ
……あっ
もしかして
それ
将門《まさかど》の怨霊《おんりょう》のせい？
たたり？
呪《のろ》い？
いま　裏木戸《うらきど》開《あ》けるから
入《はい》って話《はなし》を聞《き》かせてよ！
パッ
ギイ
こっち　こっち
早《はや》く！
ボク
藤原道長《ふじわらのみちなが》！
ゆうべも外《そと》の様子《ようす》が
気《き》になったんだけど
家《いえ》の者《もの》に
止《と》められちゃってさ
将門《まさかど》ってすごかった？
藤原道長《ふじわらのみちなが》

すごいなんてもんじゃないよ あんなに怖《こわ》かったの生《う》まれて初《はじ》めて
さらさら
ふむふむ
おっ そこの鞠《まり》はつくも神《がみ》かな?
道長君《みちながくん》は怨霊《おんりょう》とかもののけとか怖《こわ》くないの?
マリリンと呼《よ》んでください
別《べつ》に怖《こわ》くないさ だってボク出世《しゅっせ》とか興味《きょうみ》ないもん
出世《しゅっせ》しなければ人《ひと》から恨《うら》まれる心配《しんぱい》もないから もののけを怖《こわ》がる必要《ひつよう》なんかないもん
ちょっと待《ま》って……
さっき佳秀《よしひで》さんが言《い》ってた 陰陽師《おんみょうじ》が貴族《きぞく》のためにおはらいするって出世《しゅっせ》と何《なに》か関係《かんけい》でもあるの?
貴族社会《きぞくしゃかい》は超競争社会《ちょうきょうそうしゃかい》なんだ

何《なん》でもするから助《たす》けて～
無視《むし》！
摂政《せっしょう》・関白《かんぱく》
太政大臣《だいじょうだいじん》
左大臣《さだいじん》・右大臣《うだいじん》
内大臣《ないだいじん》
地獄《じごく》に落《お》ちろー!!
だまされた～
ひきょうものー!!
せーのっ
もうダメ……
わっはっはっはっ
追《お》い抜《ぬ》いてやる～
わー
出世《しゅっせ》するためにライバルを蹴落《けお》とすことはよくある話《はなし》恨《うら》みを買《か》うのは とーぜんだ！
まっ そのためにわたくしたち陰陽師《おんみょうじ》がいるのです
そーなんだ！

!!
みっちゃん
またこんなところで
さぼって～
朝《あさ》は漢詩《かんし》の時間《じかん》でしょ
その声《こえ》は
詮子《せんし》お姉様《ねえさま》
道長《みちなが》の姉《あね》
詮子《せんし》
あたり～
ごほうびに
コチョコチョ
してあげる～
コチョ
コチョ
コチョ
コチョコチョ
ひゃど!!
ひゃひゃひゃひゃ
ひゃひゃひゃひゃ
さ 気分転換《きぶんてんかん》になったでしょ
ちゃんと勉強《べんきょう》に励《はげ》んでね
もぉ――
ボクは出世《しゅっせ》に
興味《きょうみ》がないんだもん
勉強《べんきょう》なんか
いいんだよ～～!
道長《みちなが》!!

わかってるでしょ？貴族《きぞく》の男子《だんし》にとって大事《だいじ》なのは出世《しゅっせ》して高《たか》い役職《やくしょく》につくこと……高《たか》い役職《やくしょく》について権力《けんりょく》を持《も》って一族《いちぞく》の繁栄《はんえい》に努《つと》めること
でもでも……
わたしだっていずれは帝《みかど》の子《こ》どもを産《う》んで一族《いちぞく》の者《もの》を帝《みかど》とともに国《くに》を動《うご》かす摂政《せっしょう》や関白《かんぱく》の座《ざ》につけて我《わ》が一族《いちぞく》を繁栄《はんえい》へと導《みちび》くわ！
それにねみっちゃん……
わたしはいつかきっとあなたの時代《じだい》が来《く》るような気《き》がするの……

だけど……
だけど もし
高《たか》い役職《やくしょく》にのぼりつめても
菅原道真公《すがわらのみちざねこう》のような
最強《さいきょう》の怨霊《おんりょう》になっちゃったら
……
そんなの
ボクいやだーっ!!
菅原道真《すがわらのみちざね》……?
あっ
ゴソ
ゴソ

じいが言《い》ってた学問《がくもん》の神様《かみさま》の菅原道真《すがわらのみちざね》が平安時代《へいあんじだい》最強《さいきょう》の怨霊《おんりょう》!?
学問《がくもん》の神様《かみさま》菅原道真《すがわらのみちざね》のお守《まも》りだ
もっと勉強《べんきょう》に励《はげ》むんだぞ
学業守
詮子《せんし》お嬢様《じょうさま》ゆうべの怨霊騒《おんりょうさわ》ぎのことで隣《となり》のお屋敷《やしき》の女房殿《にょうぼうどの》＊がお越《こ》しなのですが……
詮子様《せんしさま》
ゆうべ 当家《とうけ》の牛車《ぎっしゃ》が怨霊《おんりょう》に壊《こわ》されたのですが その時《とき》そばに数人《すうにん》の者《もの》がいたとのこと ご存《ぞん》じザマスか?
シズ シズ
顔子《かおし》さん おはよう

＊女房《にょうぼう》＝宮中《きゅうちゅう》や貴族《きぞく》の家《いえ》で働《はたら》く女性《じょせい》

それなら ここにいる陰陽師《おんみょうじ》のみなさんたちですわ
勇敢《ゆうかん》にも将門《まさかど》の怨霊《おんりょう》と戦《たたか》ったそうですの
陰陽師《おんみょうじ》……!
将門《まさかど》の怨霊《おんりょう》と渡《わた》り合《あ》ったのならきっと力《ちから》のある陰陽師《おんみょうじ》一行《いっこう》に違《ちが》いないザマス
なんてラッキーなんザマショ
その武勇伝《ぶゆうでん》ぜひ当家《とうけ》でもお聞《き》きしたいザマス よろしければお食事《しょくじ》などいかがザマスか?
食事《しょくじ》…… いいんですか? いやぁ じつは ゆうべから何《なに》も食《た》べてないんですよ

それに
頼《たの》みたいことも
あるザマス……
女房《にょうぼう》・顔子《かおし》
!!?
に……
似《に》てる……!
ムッシッシ

平安時代《へいあんじだい》の貴族《きぞく》たち　男性編《だんせいへん》

①平安時代《へいあんじだい》の貴族《きぞく》とは

平安時代《へいあんじだい》の朝廷《ちょうてい》での仕事《しごと》は、貴族《きぞく》や役人《やくにん》たちによって行《おこな》われていました。

朝廷《ちょうてい》には「位階《いかい》」という、全部《ぜんぶ》で30に分《わ》けられた身分階級《みぶんかいきゅう》がありました。その中《なか》で、上《うえ》から14までの人々《ひとびと》を貴族《きぞく》と呼《よ》びました。また位階《いかい》によって、与《あた》えられる役職《やくしょく》（官職《かんしょく》）も決《き》められていて、高《たか》い位階《いかい》ほどいい役職《やくしょく》につく資格《しかく》を持《も》つことができました。

平安時代《へいあんじだい》の貴族《きぞく》たちは、少《すこ》しでもいい役職《やくしょく》を得《え》るために、上《うえ》の位階《いかい》を目指《めざ》し、激《はげ》しい出世競争《しゅっせきょうそう》をしていたようです。

②主《おも》な仕事《しごと》は季節《きせつ》の行事《ぎょうじ》！

貴族《きぞく》の主《おも》な仕事《しごと》は、200以上《いじょう》にも及《およ》ぶ宮中《きゅうちゅう》での年中行事《ねんちゅうぎょうじ》を行《おこな》うことでした。それぞれの行事《ぎょうじ》は、厄除《やくよ》けなど、国《くに》にとって大事《だいじ》な意味《いみ》を持《も》っていました。占《うらな》いや迷信《めいしん》を信《しん》じていた貴族《きぞく》たちは、これらの行事《ぎょうじ》をしきたり通《どお》りにこなすことが、国《くに》の平和《へいわ》を守《まも》ることにつながると考《かんが》え、大切《たいせつ》に行《おこな》っていました。

また彼《かれ》らは、代々行事《だいだいぎょうじ》がしきたり通《どお》り無事《ぶじ》に行《おこな》えるよう、儀式《ぎしき》の作法《さほう》などを細《こま》かく日記《にっき》に記録《きろく》して、自分《じぶん》の子孫《しそん》に伝《つた》えていたそうです。

平安時代《へいあんじだい》の
貴族《きぞく》たちは
出世争《しゅっせあらそ》いが
大変《たいへん》やな～
ケッケッケ

頭部《とうぶ》が笙《しょう》の形《かたち》をした笙妖怪《しょうようかい》。顔《かお》と手足《てあし》は龍《りゅう》の姿《すがた》、背中《せなか》には羽《はね》が生《は》えている。笙《しょう》は平安時代《へいあんじだい》の貴族《きぞく》が楽《たの》しんだ管楽器《かんがっき》のひとつ

平安時代《へいあんじだい》の貴族《きぞく》の男性《だんせい》の正装《せいそう》

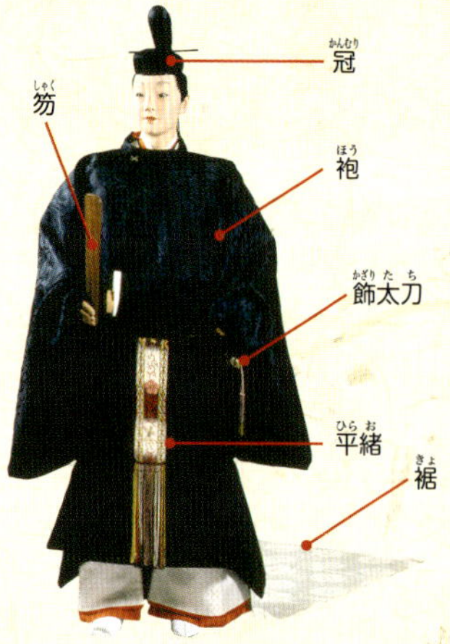
冠《かんむり》
笏《しゃく》
袍《ほう》
飾太刀《かざりたち》
平緒《ひらお》
裾《きょ》

「冠《かんむり》」をつけ「笏《しゃく》」を持《も》った姿《すがた》が、貴族《きぞく》の男性《だんせい》の正装《せいそう》で束帯《そくたい》という。背後《はいご》に垂《た》らした「裾《きょ》」をいかに美《うつく》しく見《み》せるかがポイント

風俗博物館蔵

③貴族《きぞく》の頂点《ちょうてん》に立《た》った藤原《ふじわら》氏《し》一族《いちぞく》

平安《へいあん》時代《じだい》になると、政治《せいじ》を動《うご》かすような有力《ゆうりょく》な貴《き》族《ぞく》たちが現《あらわ》れました。なかでも、大《おお》きな力《ちから》を持《も》つようになったのが、藤原《ふじわら》氏《し》一族《いちぞく》です。

天皇《てんのう》が幼《おさな》い時《とき》や病弱《びょうじゃく》な時《とき》に補佐《ほさ》する役職《やくしょく》が「摂政《せっしょう》」、天皇《てんのう》が成人《せいじん》してから補佐《ほさ》する役職《やくしょく》が「関白《かんぱく》」です。藤原《ふじわら》氏《し》の男《おとこ》たちは、この役職《やくしょく》を次《つぎ》のような方法《ほうほう》で得《え》ることで権力《けんりょく》を握《にぎ》りました。

まず自分《じぶん》の娘《むすめ》を天皇《てんのう》に嫁《とつ》がせ、娘《むすめ》が産《う》んだ皇子《おうじ》を天皇《てんのう》にして外戚《がいせき》（母方《ははかた》の一族《いちぞく》）となります。外戚《がいせき》と皇子《おうじ》は同居《どうきょ》するので固《かた》いきずなで結《むす》ばれます。その上《うえ》で摂政《せっしょう》や関白《かんぱく》となり、政治《せいじ》の実権《じっけん》を握《にぎ》ったのです。

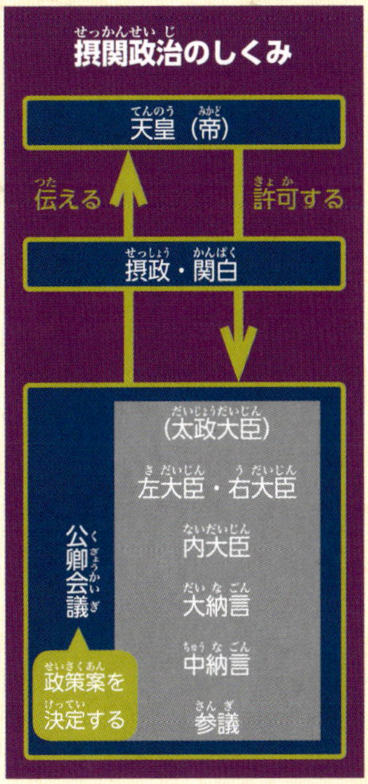
摂関政治《せっかんせいじ》のしくみ
天皇《てんのう》（帝《みかど》）
伝《つた》える
許可《きょか》する
摂政《せっしょう》・関白《かんぱく》
（太政大臣《だいじょうだいじん》）
左大臣《さだいじん》・右大臣《うだいじん》
内大臣《ないだいじん》
大納言《だいなごん》
中納言《ちゅうなごん》
参議《さんぎ》
公卿会議《くぎょうかいぎ》
政策案《せいさくあん》を決定《けってい》する

このような藤原《ふじわら》氏《し》が行《おこな》った政治《せいじ》を、「摂関政治《せっかんせいじ》」と呼《よ》んでいます。藤原《ふじわら》氏《し》による摂関政治《せっかんせいじ》は、藤原道長《ふじわらのみちなが》とその息子《むすこ》・頼通《よりみち》の時代《じだい》に最盛期《さいせいき》を迎《むか》えます。

藤原《ふじわら》氏《し》って
権力者《けんりょくしゃ》
だったんだね

もの知《し》りコラム

我《わ》が世《よ》を築《きず》いた 藤原道長《ふじわらのみちなが》

藤原道長《ふじわらのみちなが》は、3人《にん》の娘《むすめ》を次々《つぎつぎ》と天皇《てんのう》に嫁《とつ》がせて、外戚《がいせき》として摂関政治《せっかんせいじ》を行《おこな》うことで政治《せいじ》の実権《じっけん》を握《にぎ》りました。道《みち》長《なが》は、最盛期《さいせいき》には、朝廷《ちょうてい》の高《たか》い地位《ちい》を一族《いちぞく》で独占《どくせん》するなど、藤原《ふじわら》氏《し》を大《おお》きく繁栄《はんえい》させました。我《わ》が世《よ》を築《きず》いた道長《みちなが》は、自身《じしん》の栄華《えいが》を誇《ほこ》る次《つぎ》のような歌《うた》を詠《よ》んでいます。

この世《よ》をば　我《わ》が世《よ》とぞ思ふ《おも(う)》　望月《もちづき》の
欠《か》けたることも　なしと思へ《おも(え)》ば

（この世《よ》はまるで自分《じぶん》のもののようだ。少《すこ》しも欠《か》けるところのない満月《まんげつ》のように、望《のぞ》みがすべてかなったのだから）

シャーッ

6章《しょう》
見習《みなら》い陰陽師《おんみょうじ》は大変《たいへん》だよ

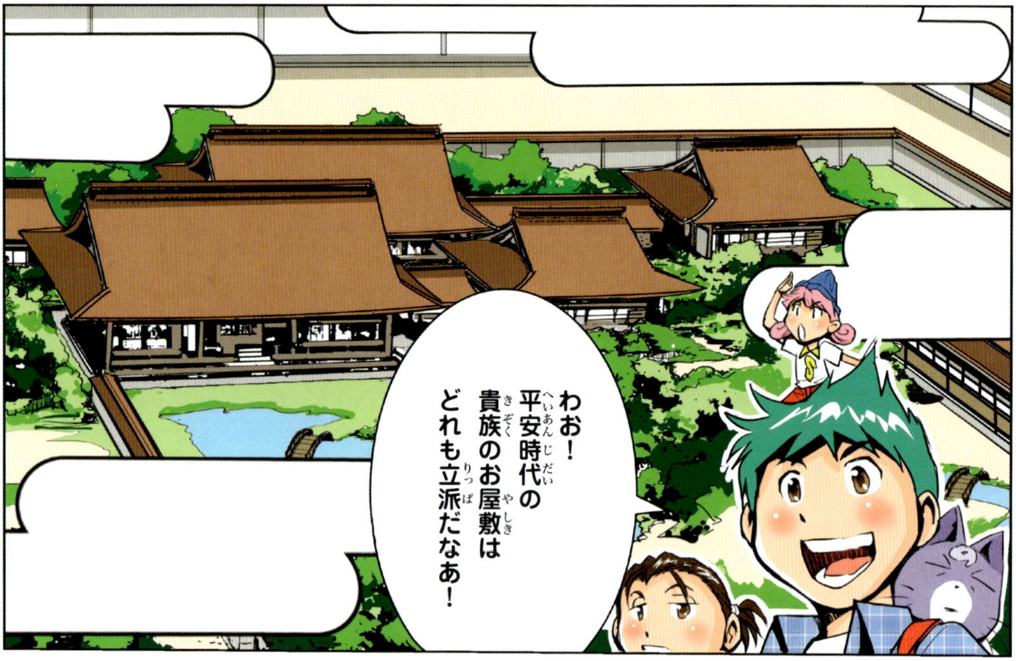
わお！
平安時代《へいあんじだい》の貴族《きぞく》のお屋敷《やしき》はどれも立派《りっぱ》だなあ！

お姉《ねえ》ちゃん こりゃ すごいごちそう用意《ようい》してくれるかもよ
わく
わく
くんくん
そう言《い》われるとなんだかいい匂《にお》いがしてきたような～♡ うふふ

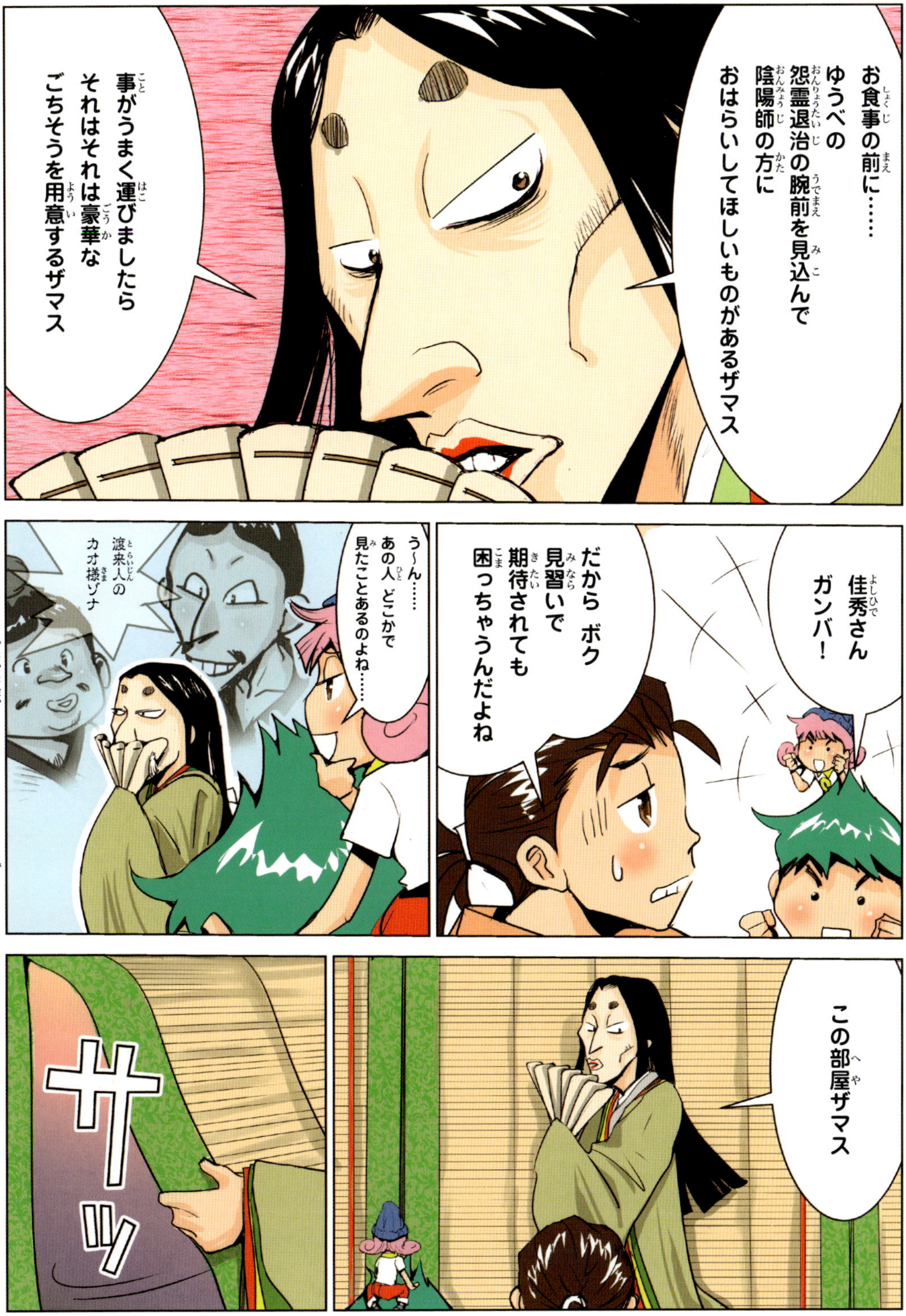
お食事《しょくじ》の前《まえ》に……ゆうべの怨霊退治《おんりょうたいじ》の腕前《うでまえ》を見込《みこ》んで陰陽師《おんみょうじ》の方《かた》におはらいしてほしいものがあるザマス
事《こと》がうまく運《はこ》びましたらそれはそれは豪華《ごうか》なごちそうを用意《ようい》するザマス
佳秀《よしひで》さんガンバ！
だからボク見習《みなら》いで期待《きたい》されても困《こま》っちゃうんだよね
う～ん……あの人《ひと》どこかで見《み》たことあるのよね……
渡来人《とらいじん》のカオ様《さま》ゾナ
この部屋《へや》ザマス
サッ

＊くわしくは「弥生時代《やよいじだい》へタイムワープ」を見《み》てね！

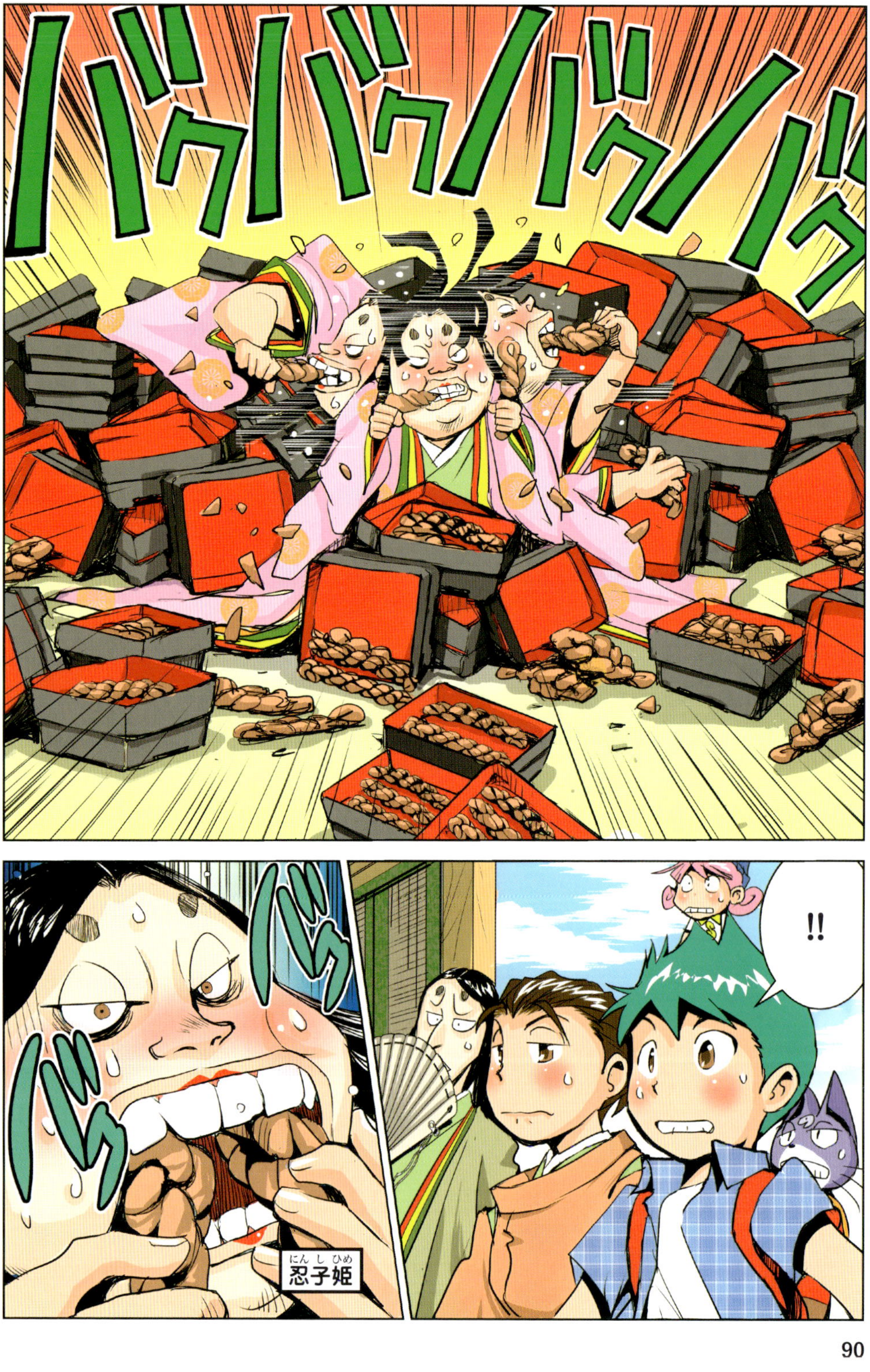
バクバクバクバク
バクバク
!!
忍子姫《にんしひめ》

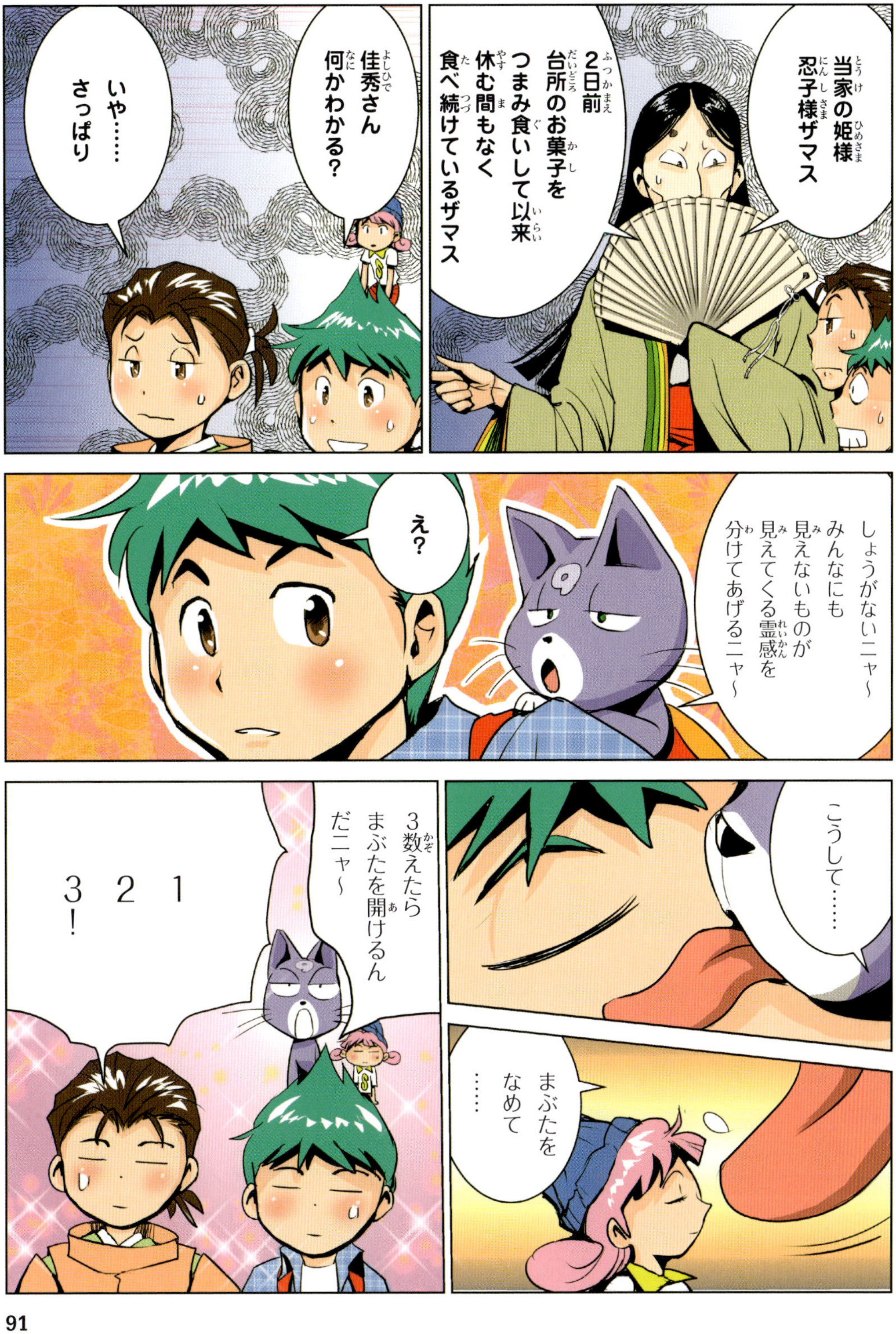
当家《とうけ》の姫様《ひめさま》忍子様《にんしさま》ザマス
2日前《ふつかまえ》台所《だいどころ》のお菓子《かし》をつまみ食《ぐ》いして以来《いらい》休《やす》む間《ま》もなく食《た》べ続《つづ》けているザマス
佳秀《よしひで》さん何《なに》かわかる？
いや……さっぱり
しょうがないニャ〜みんなにも見《み》えないものが見《み》えてくる霊感《れいかん》を分《わ》けてあげるニャ〜
え？
こうして……
まぶたをなめて
……
3数《かぞ》えたらまぶたを開《あ》けるんだニャ〜
1 2 3！

ケケケケケ
この姫君《ひめぎみ》は餓鬼《がき》に憑《つ》かれているマリ
餓鬼《がき》!?

餓鬼《がき》とは生前《せいぜん》の悪行《あくぎょう》により飢《う》え渇《かわ》きに苦《くる》しみ続《つづ》ける餓鬼道《がきどう》に落《お》ちた地獄《じごく》の亡者《もうじゃ》たちマリ

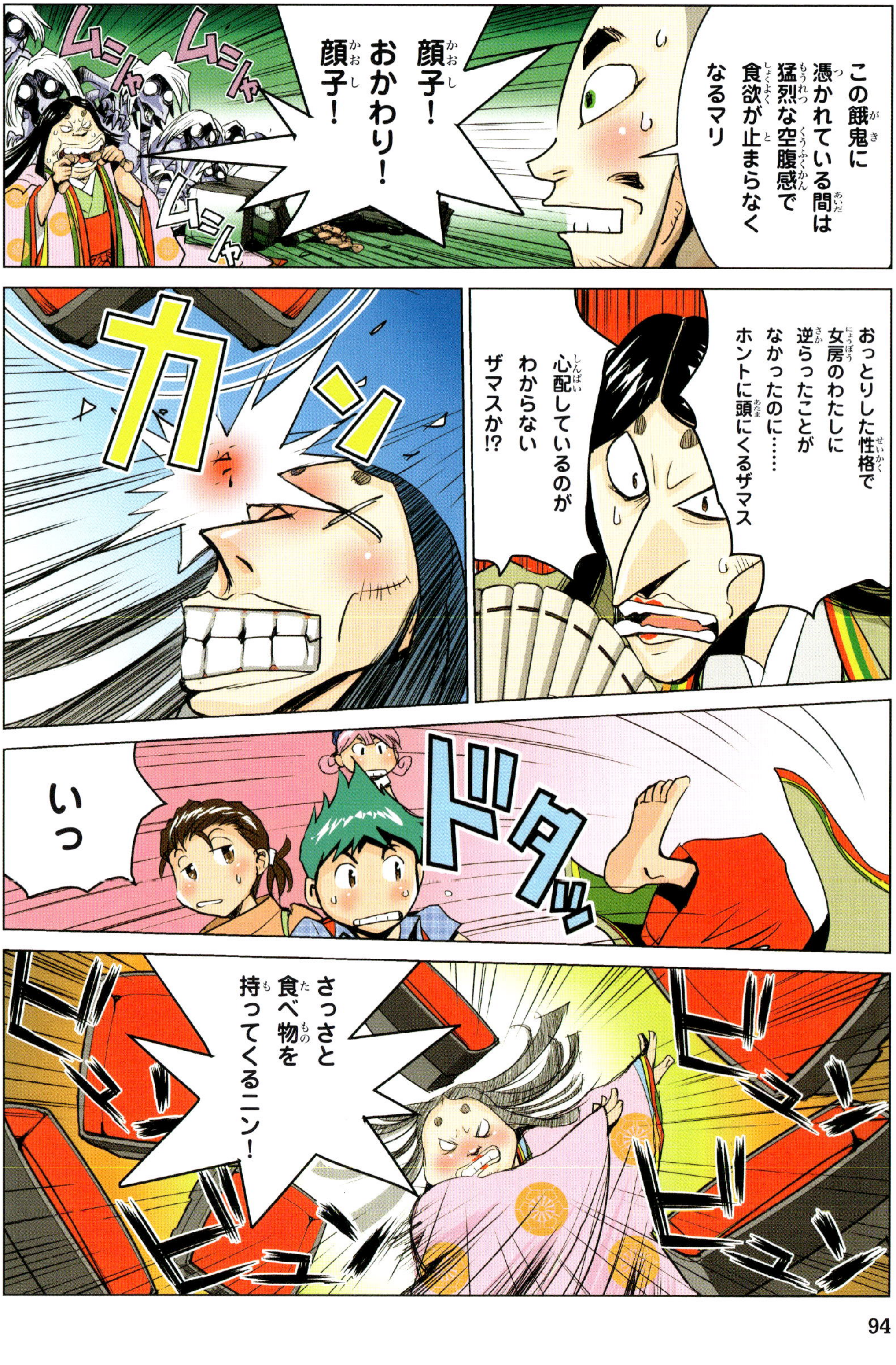
この餓鬼《がき》に憑《つ》かれている間《あいだ》は猛烈《もうれつ》な空腹感《くうふくかん》で食欲《しょくよく》が止《と》まらなくなるマリ
顔子《かおし》！おかわり！顔子《かおし》！
ムシャ ムシャ
ムシャ
おっとりした性格《せいかく》で女房《にょうぼう》のわたしに逆《さか》らったことがなかったのに……ホントに頭《あたま》にくるザマス
心配《しんぱい》しているのがわからないザマスか!?
カッ
ドタッ
いっ
さっさと食《た》べ物《もの》を持《も》ってくるニン！

これも餓鬼《がき》に憑《つ》かれているせい……？
佳秀《よしひで》さん何《なん》とかしてあげて！
さもないとあのお姫様《ひめさま》……
ピトッ
ケケケケケ
……

佳秀《よしひで》さん!!
わ……
わかりました……
カッ
ブツブツ
ブツ……
やあっ!
へろ
へろ
へろ
へろ
パシュッ
悪鬼退散《あっきたいさん》!!

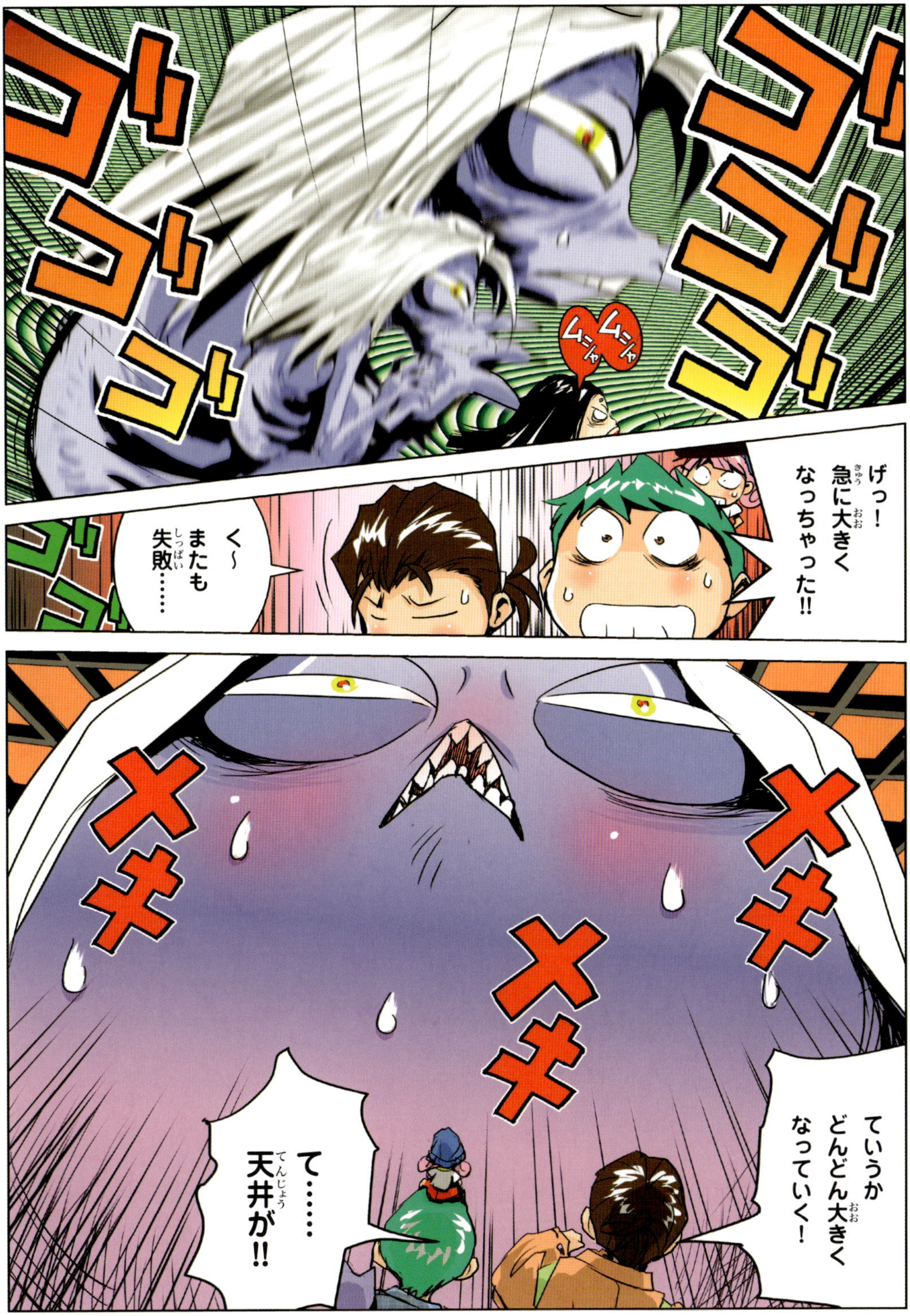
ゴゴゴ
ゴゴゴ
ムニャ
ムニャ
げっ！急《きゅう》に大《おお》きくなっちゃった!!
く～またも失敗《しっぱい》……
メキ
メキ
メキ
ていうかどんどん大《おお》きくなっていく！
て……天井《てんじょう》が!!

はっ
メキメキ
パーン

ドタッ
に……
忍子様《にんしさま》～
げっぷ!
おなかがいっぱいだ
ニン……
佳秀《よしひで》さん
すごいよ!
どんな術《じゅつ》
使《つか》ったの?
さ……
さあ……
わかんない
ケケケ
ん?
お姉《ねえ》ちゃん??
キョロ
キョロ
キョロ

しずしず
しずしず
しずしず
ごちそうだ～！
ダダダダ
はっ
サラ姫様《ひめさま》それは……!!

ひっ
ガシッッ
いただきま〜す!
パカッッ
ヘロ〜
サラ姫様《ひめさま》……その箱《はこ》はトイレなんだマリ
サラさんは便《べん》を食《た》べる伺便餓鬼《しべんがき》に憑《つ》かれていたみたいだね

平安時代《へいあんじだい》の貴族《きぞく》たち

生活編《せいかつへん》

①「遊《あそ》び」のような宮中《きゅうちゅう》の仕事《しごと》

平安時代《へいあんじだい》の貴族《きぞく》が仕事《しごと》として行《おこな》う年中行事《ねんちゅうぎょうじ》には、天皇《てんのう》へ新年《しんねん》のあいさつを行《おこな》う「朝賀《ちょうが》」や「小朝拝《こちょうはい》」から、大《おお》みそかに一年《いちねん》の邪気《じゃき》をはらう「追儺《ついな》」まで、さまざまなものがありました。なかには、月《つき》を眺《なが》めて楽《たの》しむ「十三夜《じゅうさんや》の宴《えん》（後《のち》の月見《つきみ》）」や、季節《きせつ》ごとのお祭《まつ》りなど、現代《げんだい》の人《ひと》から見《み》ると遊《あそ》んでいるように思《おも》える行事《ぎょうじ》もありました。

貴族《きぞく》たちは、仕事《しごと》以外《いがい》の時間《じかん》は漢文《かんぶん》や和歌《わか》を学《まな》んだり、楽器《がっき》の練習《れんしゅう》をしたりして過《す》ごしていました。

曲水《きょくすい》の宴《えん》
3月3日《がつみっか》に行《おこな》われた春《はる》の行事《ぎょうじ》。選《えら》ばれた歌人《かじん》たちが、庭《にわ》につくられた小《お》川《がわ》の周《まわ》りで詩歌《しいか》を詠《よ》み、その歌《うた》をみんなで聞《き》いて楽《たの》しむ。中国《ちゅうごく》から伝《つた》わった　写真：朝日新聞社

楽《たの》しそうな仕事《しごと》もあるんだね

平安《へいあん》貴族《きぞく》のトイレ事情《じじょう》

平安時代《へいあんじだい》の貴族《きぞく》たちは、持《も》ち運《はこ》びできる「樋箱《ひばこ》」という箱型《はこがた》のトイレで用《よう》を足《た》していました。現代《げんだい》のような、独立《どくりつ》したトイレ空間《くうかん》はなかったので、部屋《へや》の中《なか》を屏風《びょうぶ》で仕切《しき》って、「樋殿《ひどの》」という空間《くうかん》をつくっていました。樋箱《ひばこ》を使《つか》ったトイレの入《はい》り方《かた》を紹介《しょうかい》しましょう。

【平安時代《へいあんじだい》のトイレ】

①
パタ
パタ
屏風《びょうぶ》で仕切《しき》って「樋殿《ひどの》」をつくります
②
十二単《じゅうにひとえ》の一番上《いちばんうえ》の着物《きもの》をとり―
③
重《かさ》ね着《ぎ》している袴《はかま》を脱《ぬ》がせます

②不吉《ふきつ》を避《さ》ける占《うらな》いがいっぱい

平安貴族《へいあんきぞく》は、不吉《ふきつ》を避《さ》けるため、さまざまな占《うらな》いに頼《たよ》って生活《せいかつ》をしていました。一日《いちにち》の行動《こうどう》は暦《こよみ》による吉凶《きっきょう》で決《き》まります。例《たと》えば、お風呂《ふろ》は、暦《こよみ》に書《か》かれた最適《さいてき》な日《ひ》を選《えら》んで入《はい》っていました。また、悪夢《あくむ》を見《み》た時《とき》や、占《うらな》いや暦《こよみ》が悪《わる》い日《ひ》は、2日以上《ふつかいじょう》家《いえ》にひきこもる「物忌《ものい》み」を行《おこな》って、わざわいを予防《よぼう》しました。ほかにも、さまざまな不吉《ふきつ》を避《さ》ける方法《ほうほう》がありました。

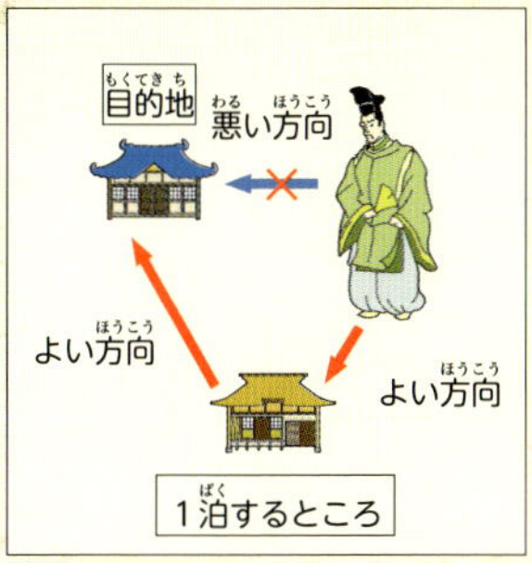
目的地《もくてきち》
悪《わる》い方向《ほうこう》
よい方向《ほうこう》
よい方向《ほうこう》
1泊《ぱく》するところ

方違《かたたがえ》
目的地《もくてきち》が凶《きょう》の方角《ほうがく》だった場合《ばあい》に行《おこな》う呪法《じゅほう》のひとつ。一度別《いちどべつ》の方角《ほうがく》へ行《い》って1泊《ぱく》してから、目的地《もくてきち》に向《む》かうことで不吉《ふきつ》を避《さ》ける

反《へん》ばい
貴族《きぞく》たちが外出《がいしゅつ》する時《とき》に、陰陽師《おんみょうじ》が行《おこな》う邪気《じゃき》をはらう呪法《じゅほう》のひとつ。特殊《とくしゅ》な歩《ある》き方《かた》をして、悪《わる》いものを踏《ふ》み破《やぶ》る

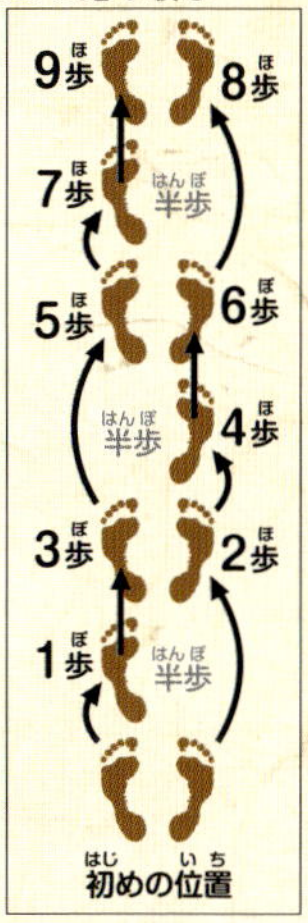
9歩《ほ》
8歩《ほ》
7歩《ほ》
半歩《はんぽ》
6歩《ほ》
5歩《ほ》
4歩《ほ》
半歩《はんぽ》
3歩《ほ》
2歩《ほ》
1歩《ほ》
半歩《はんぽ》
初《はじ》めの位置《いち》

④
長《なが》い髪《かみ》を前《まえ》に回《まわ》して 帯《おび》の間《あいだ》にはさみます
⑤
ここで「樋箱《ひばこ》」の登場《とうじょう》です！

⑥
樋箱《ひばこ》の後《うし》ろにT字《ティーじ》の棒《ぼう》を立《た》て そこに着物《きもの》のすそを掛《か》けて―

⑦
衣装《いしょう》で隠《かく》しながら箱《はこ》の上《うえ》にしゃがんで用《よう》を足《た》します

使用後《しようご》の樋箱《ひばこ》の中身《なかみ》は、お世話係《せわがかり》が川《かわ》などに流《なが》して処理《しょり》します。

昔《むかし》のトイレはなんぎやなぁ
いいからはよ歩《ある》け

赤《あか》い手足《てあし》の琵琶妖怪《びわようかい》（左《ひだり》）が、龍《りゅう》のような脚《あし》の琴妖怪《ことようかい》に紐《ひも》を結《むす》び、引《ひ》いている。琵琶《びわ》と琴《こと》は、平安時代《へいあんじだい》の貴族《きぞく》が楽《たの》しんだ楽器《がっき》

牛車《ぎっしゃ》は貴族《きぞく》の乗物《のりもの》だマリ〜

7章《しょう》 最強《さいきょう》の怨霊《おんりょう》・菅原道真《すがわらのみちざね》

ガラガラ
……まさかあの箱《はこ》の中《なか》にウンチが入《はい》っているなんて……
平安時代《へいあんじだい》の貴族《きぞく》のお屋敷《やしき》の中《なか》にはトイレはないマリ〜
お姫様《ひめさま》たちは樋箱《ひばこ》という箱《はこ》に用《よう》を足《た》しあとは女房《にょうぼう》が川《かわ》や庭《にわ》に捨《す》ててたマリマリ
川《かわ》や庭《にわ》ですか……
ほら! 邪魔《じゃま》だ どけ!
ドン
ガラガラガラ

威張《いば》っちゃって
貴族《きぞく》っていったってウンチもひとりじゃ片《かた》づけられないくせに！
ドドンッ
どこ見《み》て歩《ある》いてるんだ小僧《こぞう》！さっさと道《みち》をあけろ！
ドタッ
シャー!!
あっ！
じいからもらった図鑑《ずかん》が水《みず》たまりに!!
ぱっ

乱暴《らんぼう》な貴族《きぞく》ですね
ゴシゴシ
どけどけ！
ドカッ
もう頭《あたま》にきた！
ダッ
わたしがこらしめてやる！
ぴょん
とうっ！
ダメかー

よーし 行《い》け マリリン!
ビュン
ポヨン
サラ姫様《ひめさま》!
もうちょい!
ガシッ
シャカ
シャカ
貴族《きぞく》だからって威張《いば》るんじゃないわよーっ!!

モーッ！
キーーン
グワワッ
な……
何事《なにごと》じゃ？
ダダダダダ
ガタッ
ガタッ
こら！
どうしたのじゃ
急《きゅう》に!?
もののけの
しわざだ〜〜〜
ガラガラガラ
もののけなんて
失礼《しつれい》ね！

大丈夫《だいじょうぶ》
中《なか》は汚《よご》れてない
ただいまー
ボヨーン
ボヨーン
へー
漢字《かんじ》 ひらがな
カタカナが
まざった文章《ぶんしょう》みたいだけど
読《よ》めないいな～
わたくしが愛読《あいどく》している
書物《しょもつ》と比《くら》べてみましょう
図鑑《ずかん》の字《じ》と
似《に》てるけど
なんか違《ちが》うね
ひらがなや
カタカナは
もともと
使《つか》っていた漢字《かんじ》をもとに
作《つく》られたんですよ
ほ～お
面白《おもしろ》そうなものを
読《よ》んでおるなぁ～

ドドドド
えっ？
!!!

誰《だれ》?
す……
す……
す……菅原道真《すがわらのみちざね》の怨霊《おんりょう》マリ〜!
ニコッ
え〜〜っ!?

最強《さいきょう》の怨霊《おんりょう》だ〜！
ひー!!
逃《に》げろ〜!!
あ……いやいや
ちと 待《ま》て
とって食《く》うわけじゃない
……
これじゃこれじゃ！
このような珍《めずら》しい書物《しょもつ》が
見《み》たかったんじゃ!!

まず 紙自体《かみじたい》が わたしが知《し》ってる 書物《しょもつ》と違《ちが》う！
こんなに光沢《こうたく》のある つるつるした紙《かみ》 見《み》たことない！
いかなる 方法《ほうほう》で作《つく》ったん じゃ？
本《ほん》の綴《と》じ方《かた》にも ひと工夫《くふう》あるようじゃな！
こんなに分厚《ぶあつ》いのに しっかりと綴《と》じられておるし 綴《と》じ糸《いと》も見《み》えん！
くんくん
とくに感動《かんどう》するのは 色《いろ》じゃ！ 色使《いろづか》いじゃ!!
ぺろっ
これは染料《せんりょう》か⁉ それとも顔料《がんりょう》か？ 墨《すみ》もここまで黒々《くろぐろ》とした 墨色《すみいろ》は初《はじ》めて見《み》た！
道真《みちざね》の怨霊《おんりょう》？ 本当《ほんとう》に？ ただの本好《ほんず》きな おじさんじゃなくて？
じつは 本物《ほんもの》に遭遇《そうぐう》したの 初《はじ》めてで……
ホントだマリ
よかったじゃない ダイゴの本《ほん》 気《き》に入《い》ってもらえて
知《し》りたい……
ウズウズ
ウズウズ
この本《ほん》の実力《じつりょく》 この本《ほん》の知識量《ちしきりょう》
クイズ合戦《がっせん》じゃ！ ただし この本《ほん》で調《しら》べることは 許可《きょか》する だが 負《ま》けたら とって食《く》われると 思《おも》え!!
ええっ⁉
第《だい》1問《もん》！ 日本最古《にほんさいこ》の歌集《かしゅう》は？

デーッ
バラバラバラ
あった!
『万葉集《まんようしゅう》』
正解《せいかい》!!
第《だい》2問《もん》!
紀貫之殿《きのつらゆきどの》が書《か》いた
日記《にっき》の名前《なまえ》は?
ヒーッ
これだ!
『土佐日記《とさにっき》』
正解《せいかい》!!
第《だい》3問《もん》!
唐《とう》(中国《ちゅうごく》)に
政治《せいじ》や文化《ぶんか》を学《まな》ぶために
送《おく》ったつかいを何《なん》という?
やぁっ
バラバラバラバラ
あった!
「遣隋使《けんずいし》」……いや
唐《とう》だから
「遣唐使《けんとうし》」だー!!
正解《せいかい》!!
ちなみに
遣唐使《けんとうし》を停止《ていし》したのは
このわたし
菅原道真《すがわらのみちざね》である!
おっほん
おぉ
ゼー
ハー
ダイゴさん
すごいです!
ダイゴ
がんばれー!!
次《つぎ》は──

ちょっと待《ま》って あのおじさんが 道真《みちざね》さんなら
どうして 最強《さいきょう》の怨霊《おんりょう》といって みんな 恐《おそ》れたりするんだろう？ 好奇心旺盛《こうきしんおうせい》で 無邪気《むじゃき》な ただのおじさんに 見《み》えるけど……
正解《せいかい》!!
やったー!!
帝《みかど》の住《す》む清涼殿《せいりょうでん》に 雷《かみなり》を落《お》として 炎上《えんじょう》させたのが 道真公《みちざねこう》の怨霊《おんりょう》だと いわれているんです
ドドーン
その時《とき》 道真公《みちざねこう》を 都《みやこ》から追放《ついほう》した者《もの》たちが 何人《なんにん》も死亡《しぼう》しているんですよ
いっ!!

全問正解《ぜんもんせいかい》……何《なん》と素晴《すば》らしい書物《しょもつ》だ
それに この少年《しょうねん》見事《みごと》なまでにこの書物《しょもつ》を使《つか》いこなしている
あの……道真《みちざね》さん!
あなたにお会《あ》いしたらぜひお見《み》せしようと思《おも》っていたものがあるんです!
これです
学業守
ん……?何《なん》じゃこれ?
お守《まも》りです!

菅原道真《すがわらのみちざね》をまつった神社《じんじゃ》のお守《まも》りです！
天神さま 合格 お願い
絶対合格 学問 大学受験
合格
今年こそ志望校に…
道真《みちざね》さんは学問《がくもん》の神様《かみさま》ですから!!
ゴゴ
ゴゴ
ゴゴ
ゴ
ゴロゴロゴロ
ヒッ
なんだ どうしたのー？

最強《さいきょう》の怨霊《おんりょう》？ 菅原道真《すがわらのみちざね》

①子《こ》どもの頃《ころ》から学力優秀《がくりょくゆうしゅう》！

菅原道真《すがわらのみちざね》は、幼《おさな》い頃《ころ》から優《すぐ》れた人物《じんぶつ》でした。

道真《みちざね》は、祖父《そふ》も父《ちち》も学者《がくしゃ》という、学問《がくもん》に優《すぐ》れた家《か》系《けい》に生《う》まれました。5歳《さい》の時《とき》から和歌《わか》を詠《よ》み、14歳《さい》の時《とき》につくった漢詩《かんし》の出来栄《できば》えが高《たか》く評価《ひょうか》されるなど、早《はや》くから学問《がくもん》の才能《さいのう》を発揮《はっき》していました。26歳《さい》の時《とき》には、とくに優秀《ゆうしゅう》な人《ひと》だけに受験《じゅけん》が許《ゆる》されていた最難関《さいなんかん》の国家試験《こっかしけん》に見事合格《みごとごうかく》。877（元慶《がんぎょう》1）年《ねん》、33歳《さい》の時《とき》には、菅原家《すがわらけ》が代々継《だいだいつ》いできた、文章博士《もんじょうはかせ》という学者《がくしゃ》の最高位《さいこうい》につきました。

②優秀《ゆうしゅう》な学者《がくしゃ》から、信頼《しんらい》される政治家《せいじか》に

若《わか》い頃《ころ》は学者《がくしゃ》として活躍《かつやく》していた道真《みちざね》は、886（仁和《にんな》2）年《ねん》に讃岐国《さぬきのくに》（香川県《かがわけん》）を治《おさ》める役人《やくにん》になりました。この時道真《ときみちざね》は、貧《まず》しさに苦《くる》しむ国《くに》を立《た》て直《なお》し、人々《ひとびと》に大変喜《たいへんよろこ》ばれたそうです。この仕事《しごと》ぶりが高《たか》く評価《ひょうか》され、宇多天皇《うだてんのう》の信頼《しんらい》を得《え》た道真《みちざね》は、重要《じゅうよう》な役職《やくしょく》をいくつも任《まか》され、政治《せいじ》の中心《ちゅうしん》で活躍《かつやく》するようになりました。

もの知りコラム

道真《みちざね》、遣唐使《けんとうし》を廃止《はいし》！

菅原道真《すがわらのみちざね》は、＊遣唐使《けんとうし》に選《えら》ばれた時《とき》、唐《とう》（中国《ちゅうごく》）は争《あらそ》いで国《くに》が乱《みだ》れ衰《おとろ》えているのに、危険《きけん》をおかしてまで行《い》く必要《ひつよう》があるのか疑問《ぎもん》に思《おも》います。むしろこれからは、日本《にほん》の中《なか》で独自《どくじ》の文化《ぶんか》を築《きず》くほうがいいのではと考《かんが》え、宇多天皇《うだてんのう》に遣唐使《けんとうし》の停止《ていし》を提案《ていあん》しました。天皇《てんのう》はこの提案《ていあん》を受《う》け入《い》れ、894（寛平《かんぴょう》6）年《ねん》に遣唐使《けんとうし》を中止《ちゅうし》しました。

＊遣唐使《けんとうし》＝唐《とう》の進《すす》んだ文化《ぶんか》や政治《せいじ》のしくみを学《まな》ぶため、朝廷《ちょうてい》が派遣《はけん》した人々《ひとびと》

③ 高級官僚《こうきゅうかんりょう》から転落《てんらく》

道真《みちざね》は、さまざまな改革《かいかく》を行《おこな》って、政治家《せいじか》として高《たか》い評価《ひょうか》を得《え》ていきました。また、娘《むすめ》を宇多天皇《うだてんのう》に嫁《とつ》がせて、天皇《てんのう》とのつながりも強《つよ》めました。899（昌泰《しょうたい》2）年《ねん》、道真《みちざね》は当時役人《とうじやくにん》のナンバー2《ツー》である右大臣《うだいじん》に上《のぼ》りつめました。

この道真《みちざね》の出世《しゅっせ》は、役人《やくにん》ナンバー1《ワン》の藤原時平《ふじわらのときひら》をはじめ多《おお》くの貴族《きぞく》たちの反感《はんかん》を買《か》いました。道真《みちざね》を失脚《しっきゃく》させようと考《かんが》えた時平《ときひら》は、宇多天皇《うだてんのう》の後《あと》を継《つ》いだ醍醐天皇《だいごてんのう》に「道真《みちざね》があなたを天皇《てんのう》の位《くらい》からおろそうとしている」と伝《つた》えます。この話《はなし》を信《しん》じた醍醐天皇《だいごてんのう》は、901（延喜《えんぎ》1）年《ねん》、道真《みちざね》を大宰府《だざいふ》（福岡県《ふくおかけん》）へと左遷《させん》してしまいました。

身《み》に覚《おぼ》えのない罪《つみ》を負《お》わされた道真《みちざね》は、大宰府《だざいふ》に移《うつ》ったあと、京都《きょうと》に戻《もど》ることを願《ねが》いながら暮《く》らしていました。しかし、その願《ねが》いがかなわないまま、903（延喜《えんぎ》3）年《ねん》、59歳《さい》で亡《な》くなりました。

死後《しご》 神様《かみさま》になったのだ！

菅原道真公《すがわらのみちざねこう》

国立国会図書館蔵

もの知《し》りコラム

神様《かみさま》になった道真《みちざね》

道真《みちざね》の死後《しご》、都《みやこ》では恐《おそ》ろしい出来事《できごと》が相次《あいつ》ぎました。道真《みちざね》をおとしいれた藤原時平《ふじわらのときひら》や、醍醐天皇《だいごてんのう》の子《こ》ども、孫《まご》などの急死《きゅうし》。都《みやこ》を襲《おそ》った干《かん》ばつや疫病《えきびょう》などの災害《さいがい》。さらに天皇《てんのう》の住《す》む清涼殿《せいりょうでん》に雷《かみなり》が落《お》ちるなどの不幸《ふこう》が続《つづ》いたのです。

これらの出来事《できごと》がすべて道真《みちざね》のたたりだと恐《おそ》れるようになった人々《ひとびと》は、清涼殿《せいりょうでん》への落雷《らくらい》をきっかけに道真《みちざね》の怨霊《おんりょう》と雷《かみなり》を結《むす》び付《つ》けるようになります。そして道真《みちざね》の魂《たましい》をしずめようと、彼《かれ》を天神《てんじん》としてまつるようになりました。

やがて江戸時代《えどじだい》から明治時代《めいじじだい》になると、学問《がくもん》に秀《ひい》でた道真《みちざね》にあやかろうと祈《いの》る人《ひと》も出《で》てきて、道真《みちざね》は学問《がくもん》の神様《かみさま》としても信仰《しんこう》されるようになりました。

8章《しょう》 ダイゴの歴史図鑑《れきしずかん》を守《まも》れ！

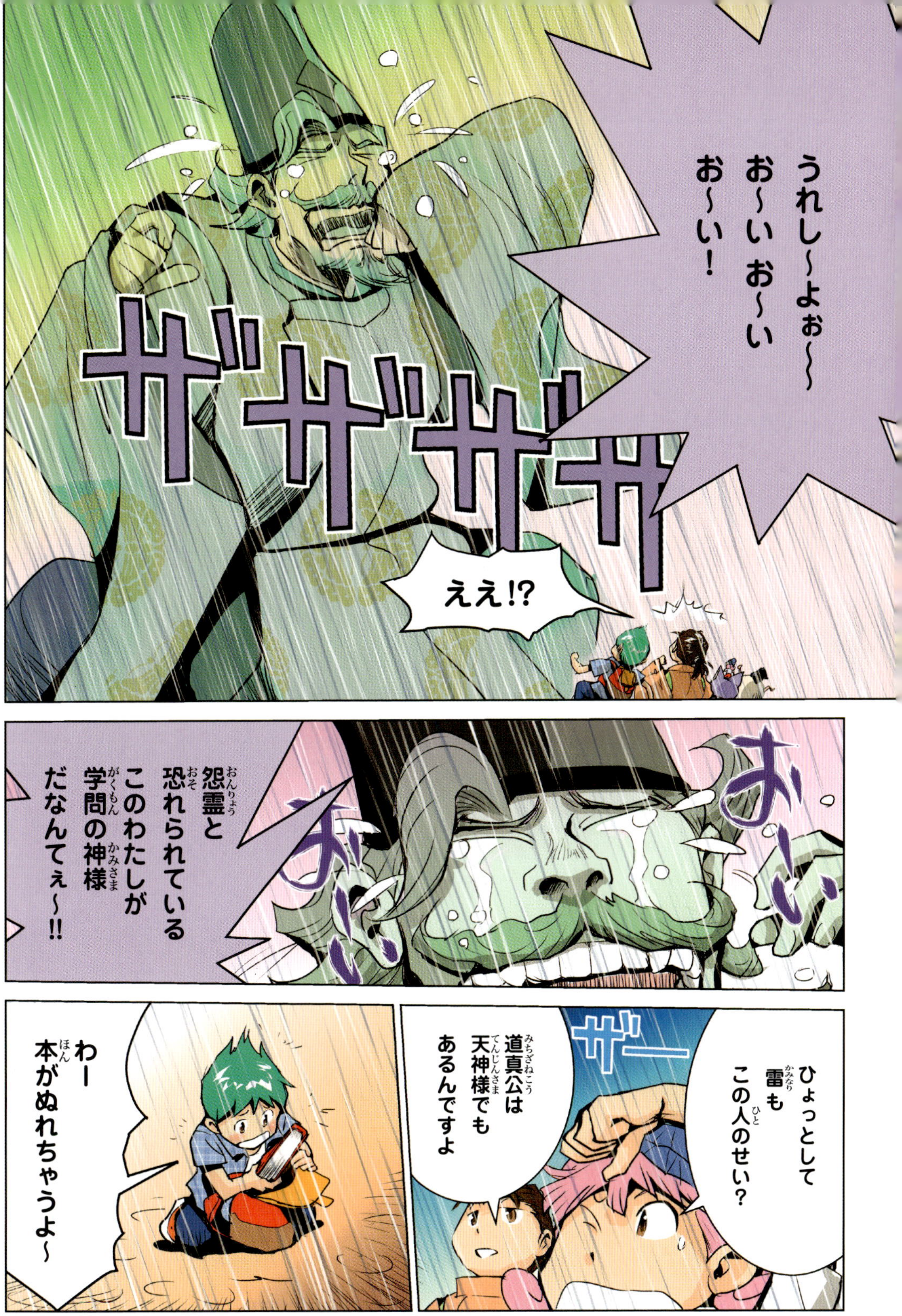
うれし～よぉ～～
お～い お～い
お～い！
ザザザザ
ええ!?
怨霊《おんりょう》と
恐《おそ》れられている
このわたしが
学問《がくもん》の神様《かみさま》
だなんてぇ～!!
おーい
ザー
ひょっとして
雷《かみなり》も
この人《ひと》のせい？
道真公《みちざねこう》は
天神様《てんじんさま》でも
あるんですよ
わー
本《ほん》がぬれちゃうよ～

はっ
こりゃ すまん すまん
ニュル ニュル
わたしのことを そんなふうに 慕《した》ってくれる者《もの》たちがおるとは まるで夢《ゆめ》のようでな……
本《ほん》は 大丈夫《だいじょうぶ》 だったかの？
道真《みちざね》さんは 1千年後《せんねんご》の未来《みらい》じゃ 人気者《にんきもの》なんだから もっと自信《じしん》持《も》って いいですよ
んっ？ 1千年後《せんねんご》……？ 何《なん》の話《はなし》じゃ？
ぼくたち タイムワープして この時代《じだい》に 来《き》ちゃったんだ
1千年後《せんねんご》の未来《みらい》から 来《き》た……？
一千年後….
……ということは それも未来《みらい》の書物《しょもつ》 ということか？
そう ぼくの宝物《たからもの》

そうか！わたしの質問《しつもん》にスラスラ答《こた》えられたのはそういうわけか！
ポンッ
じいからもらった歴史図鑑《れきしずかん》なんだ
歴史図鑑《れきしずかん》!?
と……ということは……
ずっとずっと先《さき》の日本《にほん》の歴史《れきし》がわかるのか？
まあそうですね
教《おし》えてくれんか！
この国《くに》の未来《みらい》はどうなっておるのか？
素晴《すば》らしい国《くに》になっておるのか？
え～とまだまだ勉強中《べんきょうちゅう》です！あはははは

ゴゴゴ
?
欲《ほ》しい……!
その書物《しょもつ》
欲《ほ》しい……!!
でえ〜〜〜っ
え!?

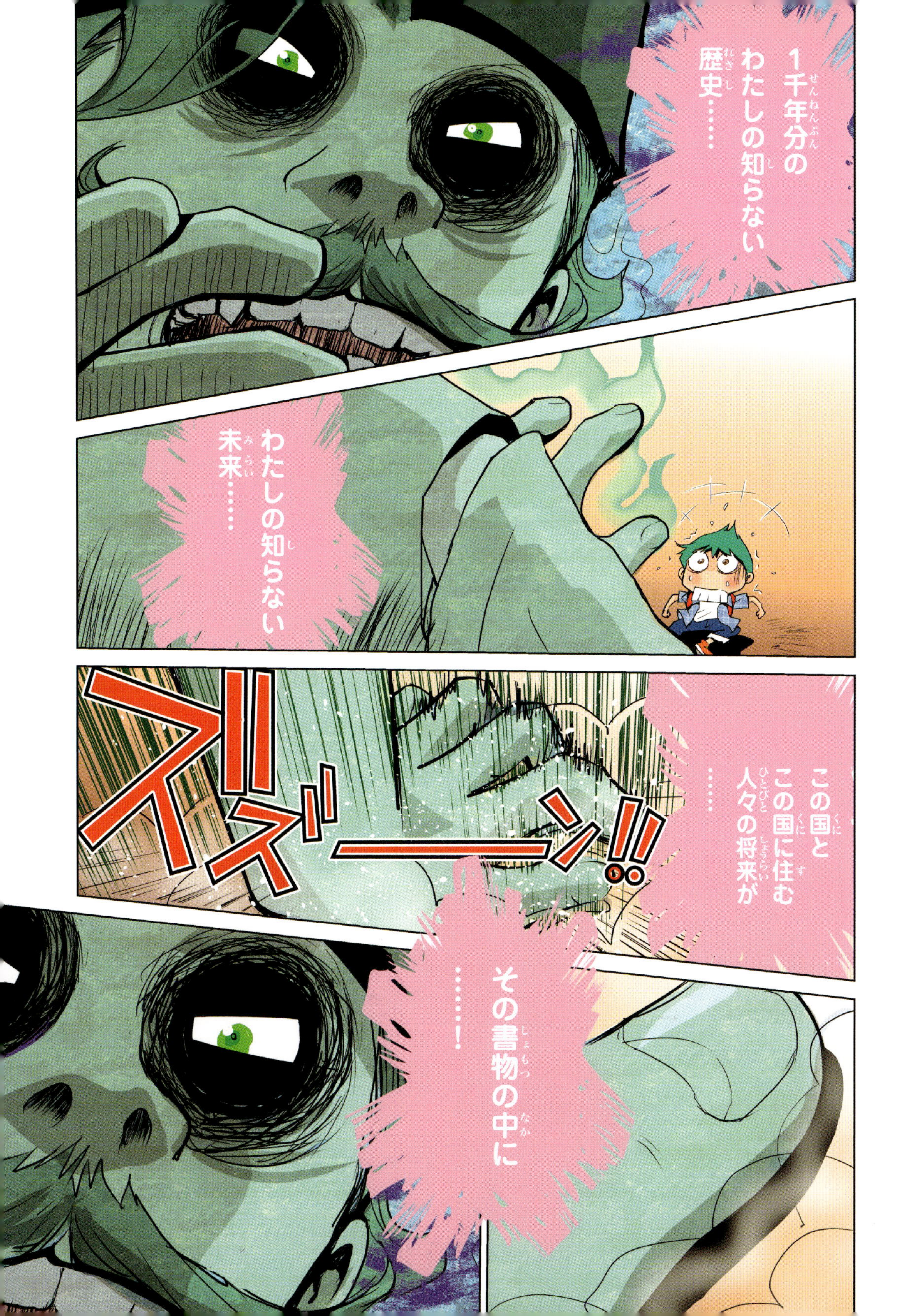
1千年分《せんねんぶん》の
わたしの知《し》らない
歴史《れきし》……
わたしの知《し》らない
未来《みらい》……
この国《くに》と
この国《くに》に住《す》む
人々《ひとびと》の将来《しょうらい》が
……
ズズーン!!
その書物《しょもつ》の中《なか》に
……!

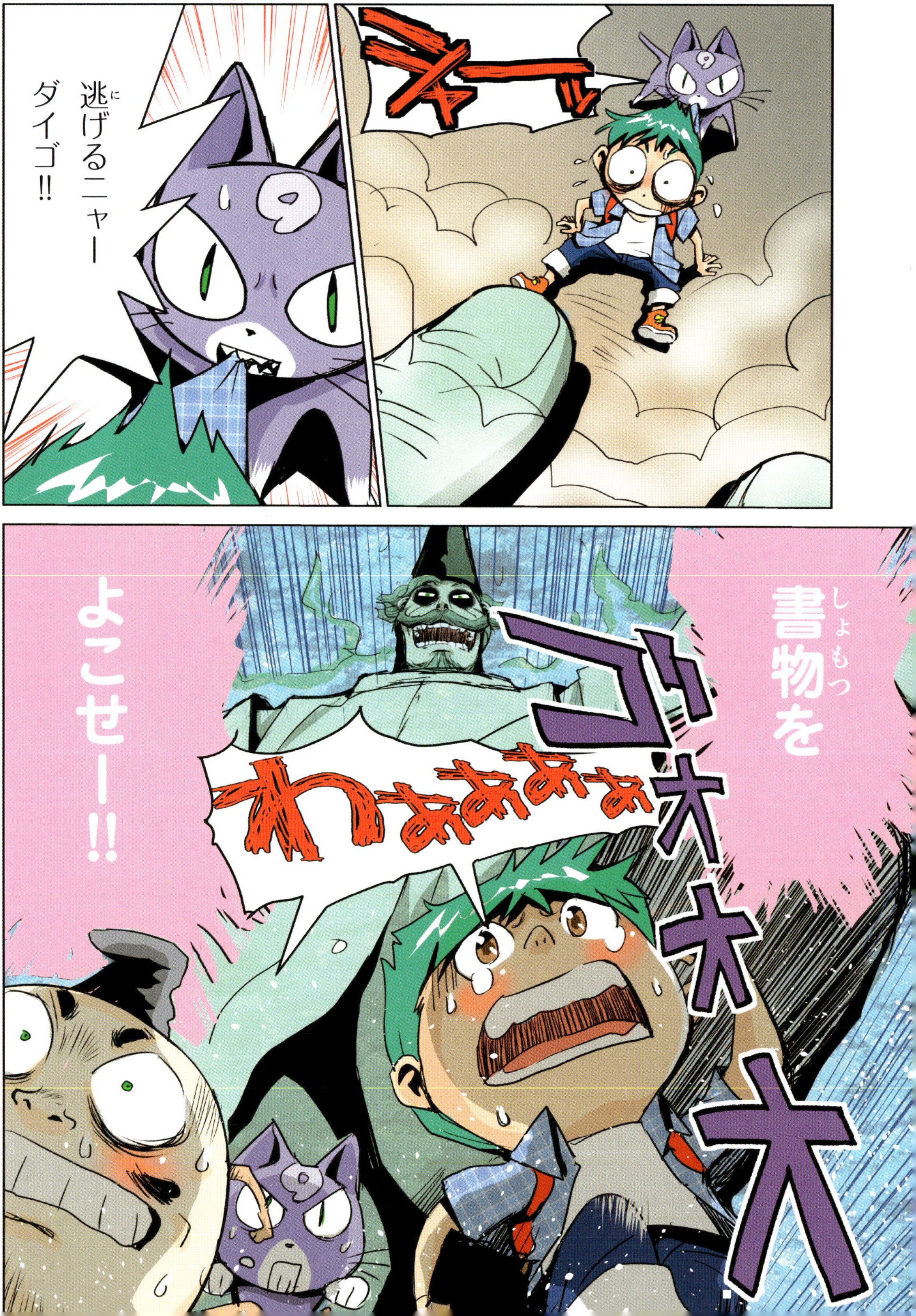
シャーッ
逃《に》げるニャー
ダイゴ!!
書物《しょもつ》を
よこせー!!
ゴォォォォォ
わぁあああぁ

その書物《しょもつ》から
未来《みらい》のことを
学《まな》べば……
災害《さいがい》や
はやり病《やまい》や
飢餓《きが》を……
解決《かいけつ》できるのだ……!
グオオ
より多《おお》くの
知識《ちしき》があれば
より多《おお》くの民《たみ》を
幸《しあわ》せに……!!
き……
昨日《きのう》から
ずっと
走《はし》りっぱなしで
もう体力《たいりょく》の限界《げんかい》
だよ
お姉《ねえ》ちゃん!
がんばれ
ダイゴ!!

マリリーーーン
はい！サラ姫様《ひめさま》〜!!
ギュン
ガシッッ
道真《みちざね》さんの耳元《みみもと》へ！
でぇええ!!
ゴオオオ
何《なに》をするつもりだマリ〜!?

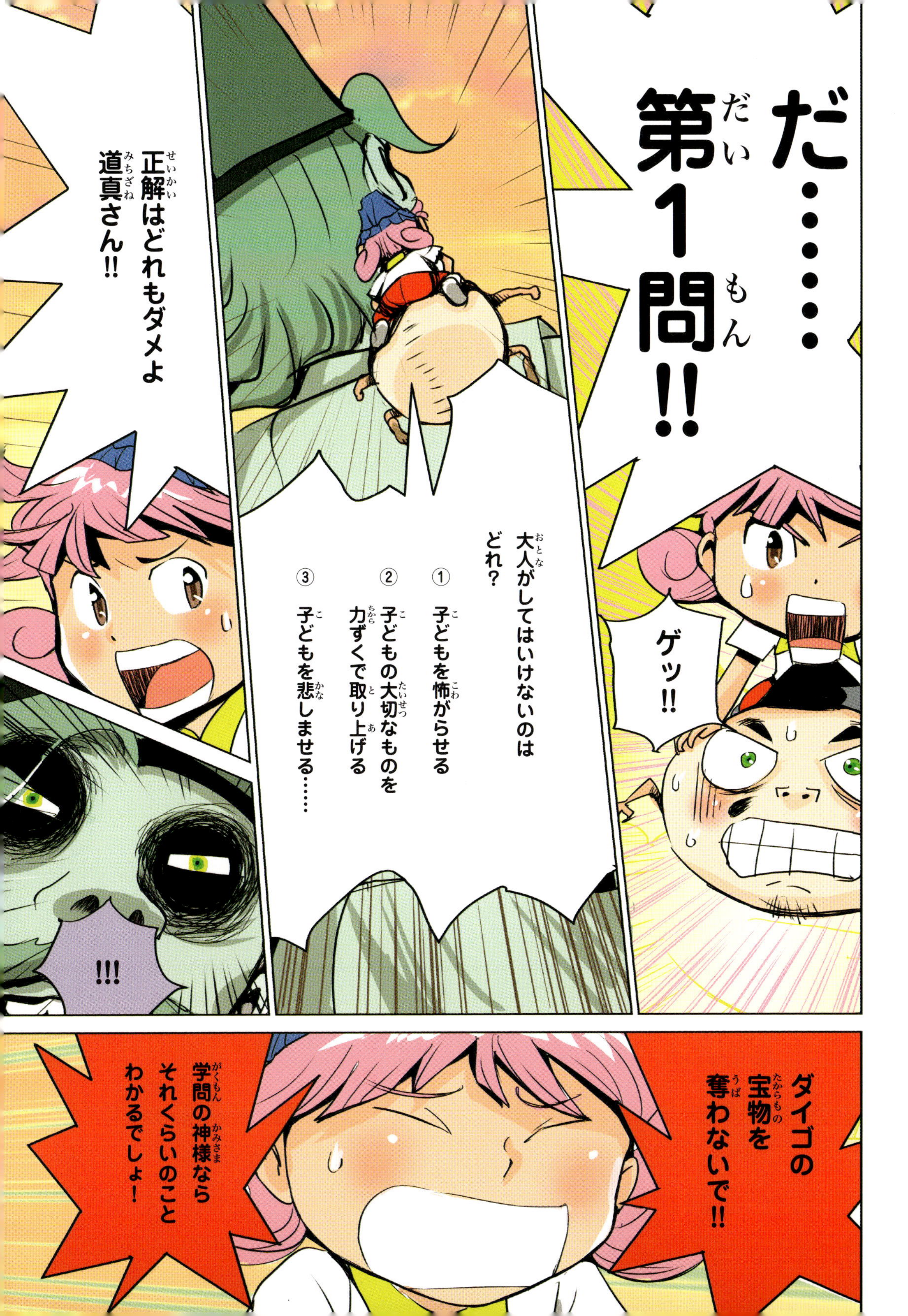
だ……第《だい》1問《もん》!!
ゲッ!!
大人《おとな》がしてはいけないのはどれ?
① 子《こ》どもを怖《こわ》がらせる
② 子《こ》どもの大切《たいせつ》なものを力《ちから》ずくで取《と》り上《あ》げる
③ 子《こ》どもを悲《かな》しませる……
正解《せいかい》はどれもダメよ道真《みちざね》さん!!
!!!
ダイゴの宝物《たからもの》を奪《うば》わないで!!
学問《がくもん》の神様《かみさま》ならそれくらいのことわかるでしょ!

●●●●●●
わたしと
したことが
大切《たいせつ》なことを
見失《みうしな》っていた……
許《ゆる》しておくれ
子《こ》どもたち……
許《ゆる》して……

き……
消《き》えた……
ゼー
ハーゼー
ひ～
怖《こわ》かった～
でも……
もっともっと
勉強《べんきょう》しなきゃ
もったいないって
思《おも》っちゃった……
はい
お姉《ねえ》ちゃんの分《ぶん》まで
よろしくです

だいぶ暗《くら》くなってきましたね
ところでここはどこなのかな
あ…
橋《はし》のたもとにいるあの女《おんな》の子《こ》に聞《き》いてみようよ
すみませーん
あの～ ぼくら道《みち》に迷《まよ》っちゃってえへへ
うわっかかわいい……!
ミャー!!
えっ
ここは一条戻橋《いちじょうもどりばし》……死者《ししゃ》がよみがえる橋《はし》よ

バリッ
えっ!?
うまそうな男《おとこ》の子《こ》じゃ!
骨《ほね》の髄《ずい》までしゃぶってやろうぞ!!
ガシッ
ダ……ダイゴー!!
いっ
もういやだあああ

平安時代《へいあんじだい》に発展《はってん》した文学《ぶんがく》

① 世界最古《せかいさいこ》の長編小説《ちょうへんしょうせつ》『源氏物語《げんじものがたり》』

平安時代《へいあんじだい》の半《なか》ば頃《ごろ》、世界最古《せかいさいこ》の長編小説《ちょうへんしょうせつ》『源氏物語《げんじものがたり》』が誕生《たんじょう》しました。

作者《さくしゃ》の紫式部《むらさきしきぶ》は、宮中《きゅうちゅう》に仕《つか》えた女性《じょせい》です。この物語《ものがたり》には、彼女《かのじょ》が宮中《きゅうちゅう》で見《み》たり聞《き》いたりした、華《はな》やかな年中行事《ねんちゅうぎょうじ》や、美《うつく》しい衣装《いしょう》に身《み》を包《つつ》み、豪華《ごうか》できらびやかな生活《せいかつ》をする、平安時代《へいあんじだい》の貴族社会《きぞくしゃかい》の様子《ようす》が描《えが》かれています。

54帖《じょう》（巻《かん》）にもわたるこの物語《ものがたり》は、1千年後《せんねんご》の現在《げんざい》もいろいろな国《くに》の言葉《ことば》で翻訳《ほんやく》され、20カ国以上《こくいじょう》で出版《しゅっぱん》されて、読《よ》み継《つ》がれています。

紫式部《むらさきしきぶ》

紫式部《むらさきしきぶ》は、幼《おさな》い頃《ころ》から物語《ものがたり》や書物《しょもつ》を読《よ》むことが大好《だいす》きで、学者《がくしゃ》だった父《ちち》からたくさんの学問《がくもん》を学《まな》んだ、高《たか》い教養《きょうよう》のある女性《じょせい》だった。藤原道長《ふじわらのみちなが》の娘《むすめ》で、天皇《てんのう》のきさきの彰子《しょうし》に家庭教師《かていきょうし》として仕《つか》えた

国立国会図書館蔵

② 『源氏物語《げんじものがたり》』とは

『源氏物語《げんじものがたり》』は、平安時代《へいあんじだい》の貴族社会《きぞくしゃかい》を舞台《ぶたい》に、主人公《しゅじんこう》の光《ひか》る君《きみ》（光源氏《ひかるげんじ》）と彼《かれ》を取《と》り巻《ま》く女性《じょせい》たちや、彼《かれ》の子《こ》や孫《まご》たちが繰《く》り広《ひろ》げる恋愛小説《れんあいしょうせつ》です。

この物語《ものがたり》は、光《ひか》る君《きみ》の誕生《たんじょう》から栄華《えいが》を誇《ほこ》るまでの第《だい》1部《ぶ》、光《ひか》る君《きみ》の不幸《ふこう》な晩年《ばんねん》を描《えが》いた第《だい》2部《ぶ》、光《ひか》る君《きみ》の子《こ》や孫《まご》たちの恋模様《こいもよう》を描《えが》いた第《だい》3部《ぶ》の、大《おお》きく3つに分《わ》かれています。

もの知りコラム

かな文字《もじ》が誕生《たんじょう》

現在使《げんざいつか》われているひらがなやカタカナ（かな文字《もじ》）は、平安時代《へいあんじだい》に誕生《たんじょう》しました。それまでは漢字しかありませんでしたが、漢字《かんじ》をもとに日本語《にほんご》の音《おん》をうまくあらわせるようにつくられました。

かな文字《もじ》のおこり

ひらがな	カタカナ
安→安 あ あ	阿→ア
以→以 い い	伊→イ
宇→宇 う う	宇→ウ
衣→衣 え え	江→エ
於→於 お お	於→オ

③ 独自《どくじ》に発展《はってん》したさまざまな文学《ぶんがく》

平安時代《へいあんじだい》には、作者自身《さくしゃじしん》が体験《たいけん》したことや感《かん》じたことを日記風《にっきふう》につづった「日記文学《にっきぶんがく》」も盛《さか》んでした。日記文学《にっきぶんがく》の多《おお》くは、女性《じょせい》によってかな文字《もじ》で書《か》かれました。恋《こい》の話《はなし》を和泉式部《いずみしきぶ》がつづったとされる『和泉式部日記《いずみしきぶにっき》』や、菅原孝標の女《すがわらのたかすえむすめ》が少女時代《しょうじょじだい》から晩年《ばんねん》までをつづった『更級日記《さらしなにっき》』などが有名《ゆうめい》です。

かな文字《もじ》は、この時代《じだい》に漢字《かんじ》をもとにしてつくられ、主《おも》に女性《じょせい》が使《つか》っていました。日記文学《にっきぶんがく》の中《なか》には、男性《だんせい》歌人《かじん》の紀貫之《きのつらゆき》が、土佐《とさ》（高知県《こうちけん》）から京都《きょうと》への旅路《たびじ》を、女性《じょせい》の書《か》き手風《てふう》にわざとかな文字《もじ》でつづった『土佐日記《とさにっき》』もあります。

また和歌《わか》も盛《さか》んでした。この時代《じだい》、とくに歌《うた》が上手《じょうず》だと評判《ひょうばん》だった小野小町《おののこまち》ら6人《にん》の名人《めいじん》は「六歌仙《ろっかせん》」と呼《よ》ばれ、大変《たいへん》な人気《にんき》を集《あつ》めました。905（延喜《えんぎ》5）年《ねん》には、優《すぐ》れた歌《うた》を集《あつ》めた『古今和歌集《こきんわかしゅう》』がつくられました。この歌集《かしゅう》は平安時代《へいあんじだい》の歌《うた》の教科書《きょうかしょ》として愛用《あいよう》されていました。

日本初《にほんはつ》のエッセー集《しゅう》

『枕草子《まくらのそうし》』

『枕草子《まくらのそうし》』は、平安時代《へいあんじだい》にできた日本初《にほんはつ》のエッセー集《しゅう》です。清少納言《せいしょうなごん》という女性《じょせい》が作者《さくしゃ》です。

清少納言《せいしょうなごん》は、紫式部《むらさきしきぶ》と同《おな》じく、幼《おさな》い頃《ころ》から歌《うた》や学問《がくもん》を学《まな》んだ教養《きょうよう》の高《たか》い女性《じょせい》でした。また、紫式部《むらさきしきぶ》が彰子《しょうし》に仕《つか》えたように、彼女《かのじょ》も天皇《てんのう》のきさきの定子《ていし》に家庭教師《かていきょうし》として仕《つか》えました。

清少納言《せいしょうなごん》

宮中《きゅうちゅう》に仕《つか》える清少納言《せいしょうなごん》は、紫式部《むらさきしきぶ》と同《おな》じく、見聞《みき》きした平安貴族《へいあんきぞく》の生活《せいかつ》や、宮中《きゅうちゅう》で感《かん》じたことをエッセーにつづった

国立国会図書館蔵

9章《しょう》 スーパー陰陽師《おんみょうじ》・安倍晴明《あべのせいめい》!!

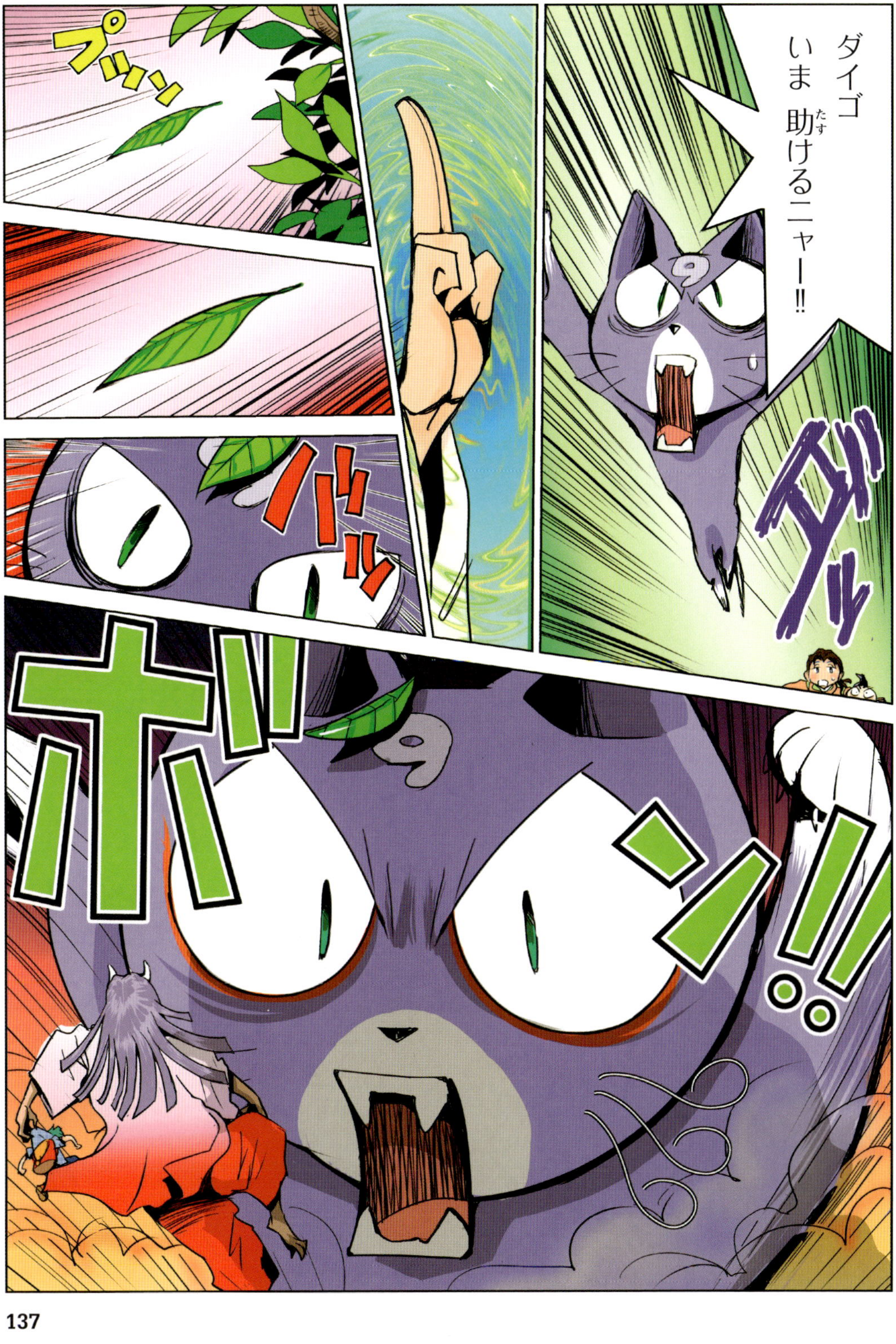
ダイゴ
いま 助《たす》けるニャー!!
ダッ
プツッン
バッ
ボン!!

ニャー!!
シュル
シュル
シュル
うるる

あれは鬼《おに》です鬼《おに》はああやって幻《まぼろし》を見《み》せて心《こころ》を操《あやつ》るんです!だまされてはいけません!!
えっ
ニャン丸《まる》ーだまされちゃダメよー!!
のどをコチョコチョおなかをサワサワしっぽのつけねをトントントン♡
ピト‥
かわいいネコちゃんですね～
ボン
ゴロニャン♡
あ～～っ
ニャン丸《まる》……おまえってやつは……

ギュン
サラ姫様《ひめさま》
マリリンに
お任《まか》せあれー!!
ガッ
鞠《まり》ごときが
鬼《おに》にかなうと
思《おも》っているのか!?

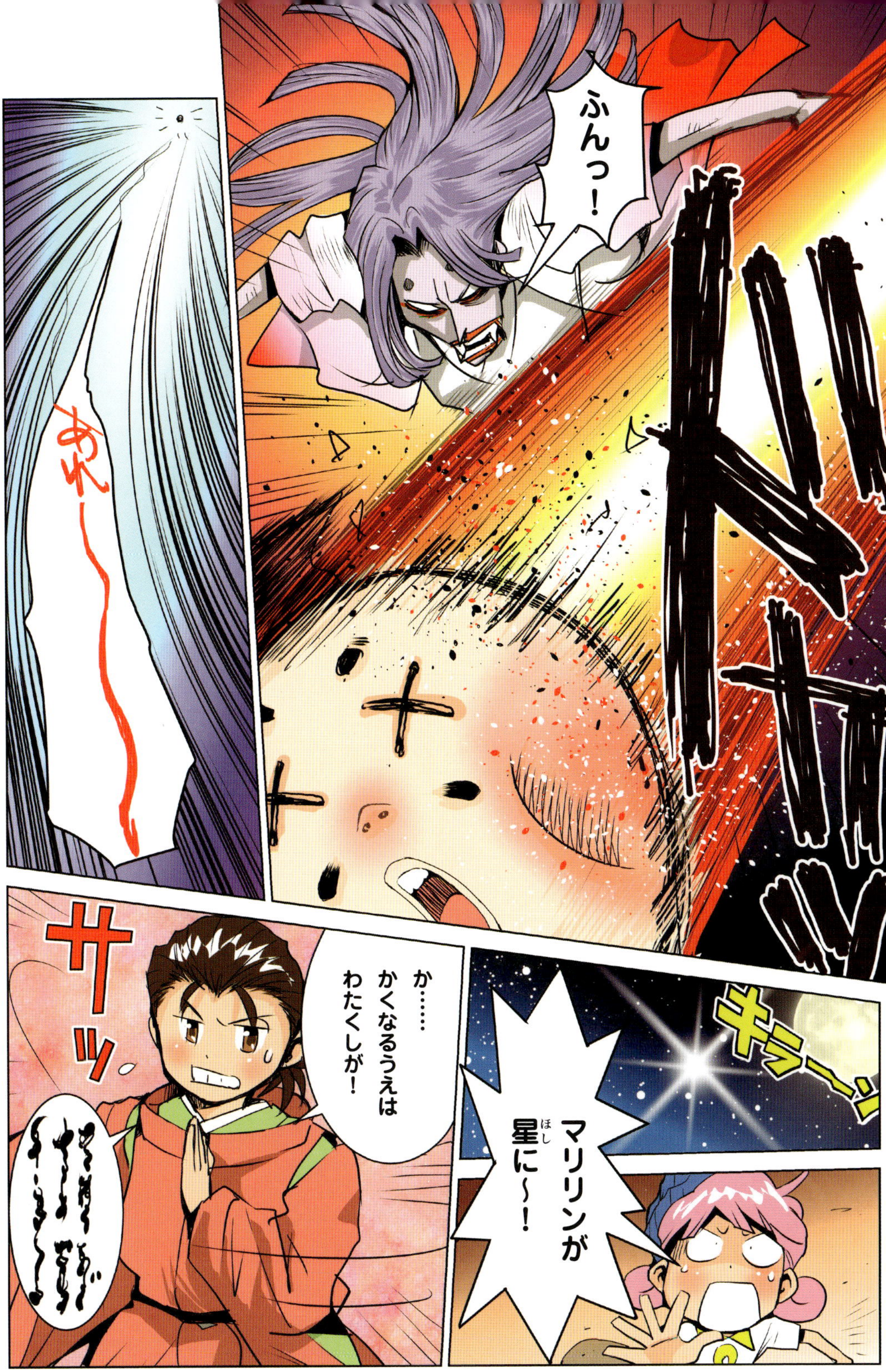
ふんっ!
ドガッ
あれ〜〜
キラーン
マリリンが
星《ほし》に〜!
サッ
か……
かくなるうえは
わたくしが!

やあっ
わははっはっはっ
そんなへなちょこ
効《き》くものか
へロへロ
やっぱり
ダメか～
ザザザザザッ
ぷりッ
くん
あっ
また葉《は》っぱが……！

何《なに》っ!?
ぎゅん
うっ!!
パシッ

わあああ
ダイゴー!!
ザザザザザッ
ブウン
スッ
そこにいるのは誰《だれ》ぞ!?
キッ

あ……
安倍晴明様《あべのせいめいさま》
え？
陰陽師《おんみょうじ》
安倍晴明《あべのせいめい》
そうかっ
あの葉《は》っぱ……
ザ
ザ
この時代《じだい》に来《き》てから
晴明《せいめい》さんが
ずっとぼくたちのことを
守《まも》ってくれていたんだ!!

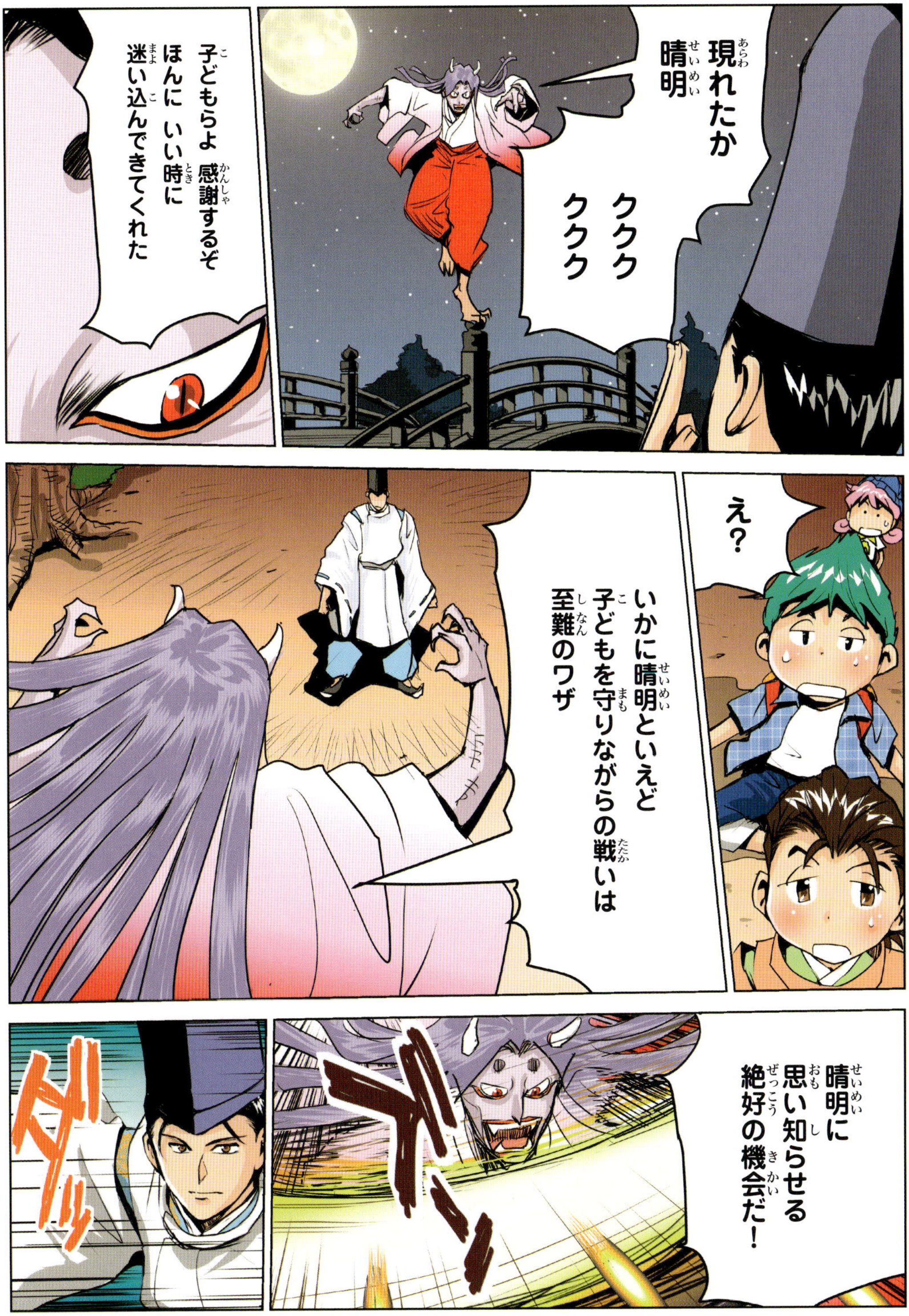
現《あらわ》れたか
晴明《せいめい》
ククク
ククク
子《こ》どもらよ 感謝《かんしゃ》するぞ
ほんに いい時《とき》に
迷《まよ》い込《こ》んできてくれた
え？
いかに晴明《せいめい》といえど
子《こ》どもを守《まも》りながらの戦《たたか》いは
至難《しなん》のワザ
晴明《せいめい》に
思《おも》い知《し》らせる
絶好《ぜっこう》の機会《きかい》だ！

ドドドドドドドドドド
晴明《せいめい》
思《おも》い通《どお》りにいかぬ
この世《よ》の絶望感《ぜつぼうかん》を
おまえにも
味《あじ》わわせてやるぞ!!
わたしの父《ちち》は
父《ちち》を妬《ねた》む者《もの》たちに
出世《しゅっせ》を邪魔《じゃま》され
悲《かな》しみながら死《し》んでいった
母《はは》も
父《ちち》の死《し》を嘆《なげ》き悲《かな》しみ
病《やまい》のなか　死《し》んでしまった

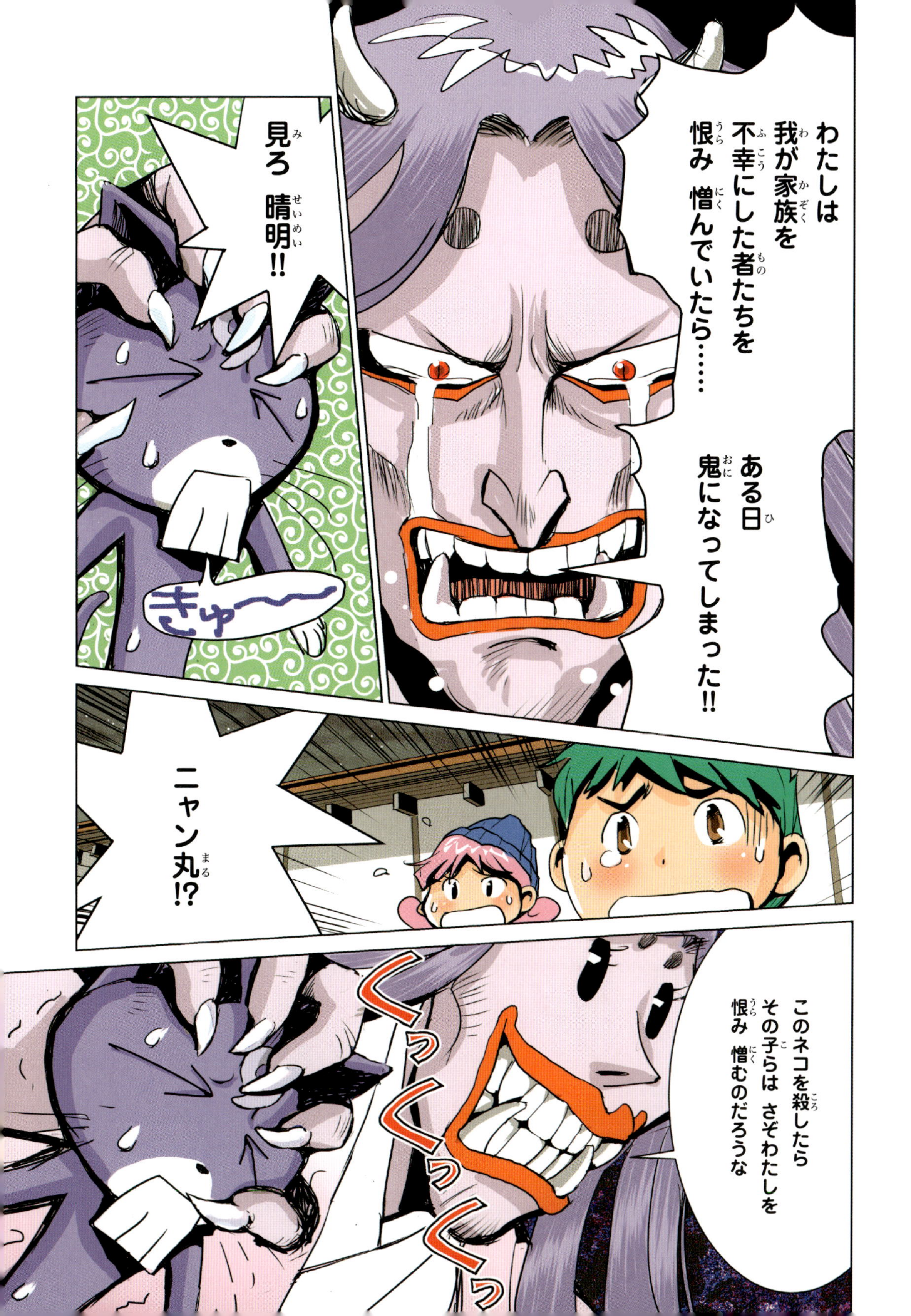
わたしは
我《わ》が家族《かぞく》を
不幸《ふこう》にした者《もの》たちを
恨《うら》み 憎《にく》んでいたら……
ある日《ひ》
鬼《おに》になってしまった!!
見《み》ろ 晴明《せいめい》!!
きゅ〜〜
ニャン丸《まる》!?
このネコを殺《ころ》したら
その子《こ》らは さぞわたしを
恨《うら》み 憎《にく》むのだろうな
くっくっくっくっ

ゴォオオオオ
ポ
ニャ……ニャン丸《まる》〜!
ワ〜ン
くんくん
う〜ん新鮮《しんせん》な魂《たましい》はうまそうよの〜♡
へっ?

今《いま》 このネコの魂《たましい》を食《く》らったら その子《こ》らの心《こころ》は わたしへの恨《うら》みや憎《にく》しみであふれるだろう
陰陽師《おんみょうじ》のおまえの目《め》の前《まえ》で新《あら》たな鬼《おに》が生《う》まれたら さぞ愉快《ゆかい》だろうな ククク……
た……魂《たましい》を食《く》らう～!?
おいちそ～♡
ひぃい いい～
じゅるるるる

平安《へいあん》時代《じだい》の貴族《きぞく》たち 女性編《じょせいへん》

① 平安《へいあん》時代《じだい》の働《はたら》く女性《じょせい》たち

平安時代《へいあんじだい》には、宮中《きゅうちゅう》や上級貴族《じょうきゅうきぞく》の家《いえ》で、主人《しゅじん》の身《み》の回《まわ》りの世話《せわ》などをして働《はたら》く、女房《にょうぼう》と呼《よ》ばれる女性《じょせい》たちがいました。

彼女《かのじょ》たちは、仕《つか》える主人《しゅじん》の髪《かみ》の手入《てい》れや着付《きつ》け、化粧《けしょう》などの世話《せわ》だけでなく、手紙《てがみ》の代筆《だいひつ》や家庭教師役《かていきょうしやく》なども担当《たんとう》していました。主人《しゅじん》の評判《ひょうばん》が女房《にょうぼう》の善《よ》しあしに左右《さゆう》されるほど、重要《じゅうよう》な存在《そんざい》でした。そのため、優秀《ゆうしゅう》な女房《にょうぼう》を選《えら》ぼうと、主人《しゅじん》たちは厳《きび》しい採用基準《さいようきじゅん》を設《もう》けていたそうです。

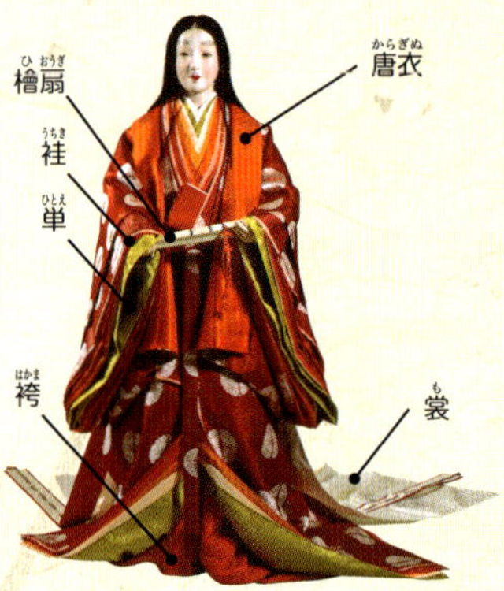
唐衣《からぎぬ》
檜扇《ひおうぎ》
袿《うちき》
単《ひとえ》
裳《も》
袴《はかま》

平安時代《へいあんじだい》の女房《にょうぼう》の正装《せいそう》

女房装束《にょうぼうしょうぞく》という。着物《きもの》を何枚《なんまい》も重《かさ》ね着《ぎ》することから十二単《じゅうにひとえ》ともいう。枚数《まいすう》は12枚《まい》とは限《かぎ》らない。どの色《いろ》を重《かさ》ねるかがおしゃれのポイント。

風俗博物館蔵

② 勉強熱心《べんきょうねっしん》な女性《じょせい》たち

平安時代《へいあんじだい》の貴族《きぞく》の女性《じょせい》たちは、言葉《ことば》の使《つか》い方《かた》はもちろん、歌《うた》や習字《しゅうじ》、音楽《おんがく》など、ステキな女性《じょせい》になるために必要《ひつよう》なさまざまな教育《きょういく》を受《う》けていました。

平安時代《へいあんじだい》の恋愛《れんあい》には、歌《うた》を添《そ》えた手紙《てがみ》のやりとりが欠《か》かせませんでした。美《うつく》しい文字《もじ》で、相手《あいて》の心《こころ》を射止《いと》められる上手《じょうず》な歌《うた》を添《そ》えた手紙《てがみ》が書《か》けるよう、日々《ひび》努力《りょく》をしていたのです。

また、着物《きもの》の選《えら》び方《かた》も大切《たいせつ》な勉強《べんきょう》でした。平安貴族《へいあんきぞく》にとって服装《ふくそう》はとくに重要《じゅうよう》だったため、季節《きせつ》に合《あ》わせた着物《きもの》の色《いろ》や柄《がら》が選《えら》べる女性《じょせい》はポイントが高《たか》かったようです。

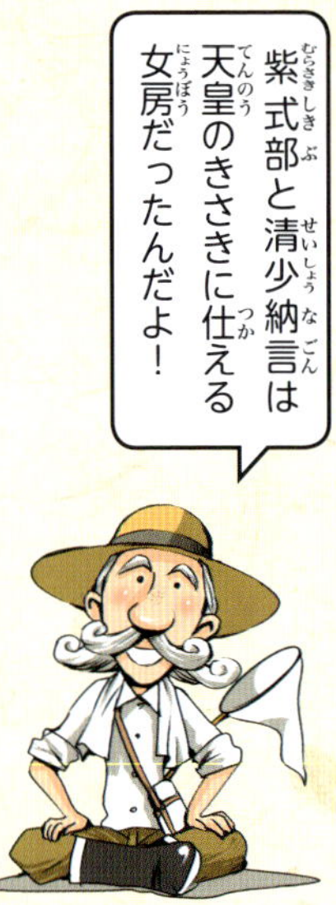
紫式部《むらさきしきぶ》と清少納言《せいしょうなごん》は天皇《てんのう》のきさきに仕《つか》える女房《にょうぼう》だったんだよ！

もの知《し》りコラム

平安時代《へいあんじだい》の美人《びじん》の条件《じょうけん》

平安美人《へいあんびじん》の特徴《とくちょう》は、顔《かお》の形《かたち》がぽっちゃり系《けい》で、目《め》は切《き》れ長《なが》のひき目《め》、鼻《はな》は小《ちい》さめで「くの字形《じがた》」のかぎ鼻《ばな》、口《くち》は小《ちい》さなおちょぼ口《ぐち》でした。ほかにも、こんな条件《じょうけん》がありました。

◆◆◆

黒《くろ》くて長《なが》い髪《かみ》は美人《びじん》の命《いのち》！

黒《くろ》くて長《なが》い髪《かみ》は、美人《びじん》の重要《じゅうよう》なポイントです。長《なが》さは1m以《い》上《じょう》が普通《ふつう》で、真《ま》っすぐでボリュームのある髪《かみ》が好《この》まれました。なかにはつけ毛《げ》をして、美《うつく》しい髪《かみ》に見《み》せていた人《ひと》もいました。

白《しろ》い肌《はだ》はステキ！

色白《いろじろ》も美人《びじん》の条件《じょうけん》のひとつです。色白《いろじろ》に見《み》せる必須《ひっす》アイテムがおしろいです。おしろいを顔《かお》や首《くび》、えり足《あし》や胸《むね》に塗《ぬ》って、美《び》白《はく》に励《はげ》んでいたのです。

黒《くろ》い歯《は》ってイイネ！

おちょぼ口《ぐち》に見《み》せるための秘訣《ひけつ》は、歯《は》を真《ま》っ黒《くろ》に染《そ》める「お歯《は》黒《ぐろ》」です。黒《くろ》いほうが歯《は》が目立《めだ》たず、口《くち》もとが小《ちい》さく見《み》えるのだそうです。

ほかにも、眉毛《まゆげ》は全部《ぜんぶ》抜《ぬ》いておでこの上部《じょうぶ》に丸《まる》く眉墨《まゆずみ》を入《い》れる、頬紅《ほおべに》と口紅《くちべに》をつけて顔色《かおいろ》を明《あか》るく見《み》せるなどの化粧《けしょう》もしていました。

また、着物《きもの》のセンスや歌《うた》のうまさ、字《じ》の美《うつく》しさなども、美人《びじん》の評価《ひょうか》につながっていました。

小野小町《おののこまち》

平安時代《へいあんじだい》きっての美人《びじん》として有名《ゆうめい》だった歌人《かじん》。多《おお》くの男性《だんせい》をとりこにしたという

国立国会図書館蔵

妖怪《ようかい》

化粧《けしょう》をする醜女《しこめ》の妖怪《ようかい》。耳《みみ》まで裂《さ》けた大《おお》きな口《くち》、太《ふと》くて大《おお》きな鼻《はな》の妖怪《ようかい》（中央《ちゅうおう》）が、機嫌《きげん》よさそうに化粧《けしょう》をする。その様子《ようす》を見《み》てクスクス笑《わら》う仲間《なかま》たち

10章《しょう》 ニャン丸《まる》の命《いのち》を救《すく》え！

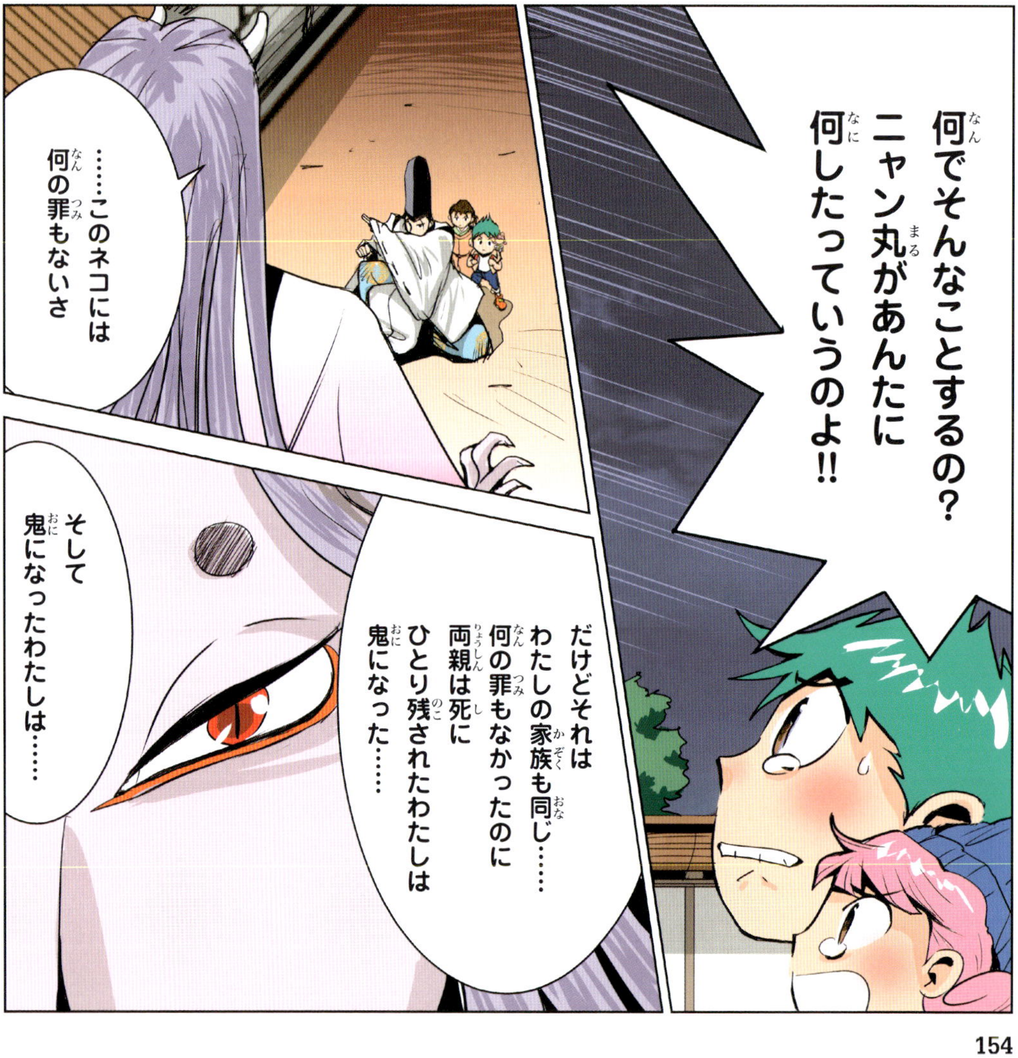
何《なん》でそんなことするの？ ニャン丸《まる》があんたに何《なに》したっていうのよ!!
……このネコには何《なん》の罪《つみ》もないさ
だけどそれはわたしの家族《かぞく》も同《おな》じ……何《なん》の罪《つみ》もなかったのに両親《りょうしん》は死《し》にひとり残《のこ》されたわたしは鬼《おに》になった……
そして鬼《おに》になったわたしは……

他人《たにん》の苦《くる》しむ姿《すがた》が楽《たの》しくて楽《たの》しくてククク!!
大《おお》あわてしているおまえたちの姿《すがた》が愉快《ゆかい》でたまらないのだ!
どひゃひゃひゃひゃ
ひどい! そんなことのためにニャン丸《まる》を……
ククク そうだ 恨《うら》め 憎《にく》め 天《てん》を焦《こ》がすほどに!!
ほぉら おまえらの大事《だいじ》なネコがわたしのせいで虫《むし》の息《いき》だぞ
ピクッ
ピクッ

許《ゆる》せない
そんな自分勝手《じぶんかって》な理由《りゆう》で
ニャン丸《まる》を……
ニャン丸《まる》の命《いのち》を
もてあそぶなんて
そうだ
もっと恨《うら》め！
もっと憎《にく》め！
早《はや》くしないと
大事《だいじ》なネコちゃんが死《し》んじゃうよ～♪
ニョキ
ニョキ
許《ゆる》さない！
許《ゆる》さない！
許《ゆる》さない！

えっ!?
大丈夫《だいじょうぶ》 目《め》を閉《と》じ 大《おお》きく息《いき》を吸《す》うのだ……
ニャン丸《まる》は必《かなら》ず おまえたちの元《もと》に戻《もど》ってくる 元気《げんき》な姿《すがた》で…… だから 恨《うら》みや憎《にく》しみで 心《こころ》を満《み》たしてはいけない 心《こころ》の中《なか》の光《ひかり》を 見失《みうしな》ってはいけない
心《こころ》の中《なか》の光《ひかり》……
ああ……
そうよ きっとなんとかなるわ 大丈夫《だいじょうぶ》……
大丈夫《だいじょうぶ》よ

スィ
人《ひと》を恨《うら》み憎《にく》む心《こころ》が鬼《おに》や怨霊《おんりょう》を生《う》む
鬼《おに》や怨霊《おんりょう》になるかならぬかは本人《ほんにん》の心《こころ》で決《き》まるのだ
鬼《おに》や怨霊《おんりょう》になると光《ひかり》のない闇《やみ》をさまよい希望《きぼう》のない世界《せかい》でもがき苦《くる》しむことになる
は〜〜っ
……あの恐《おそ》ろしい鬼姫《おにひめ》ももともとは心優《こころやさ》しい……
美《うつく》しい姫《ひめ》だったのだ
ぬかったな晴明《せいめい》!
背後《はいご》がガラ空《あ》きだぞ!!
ゴオォォオォ

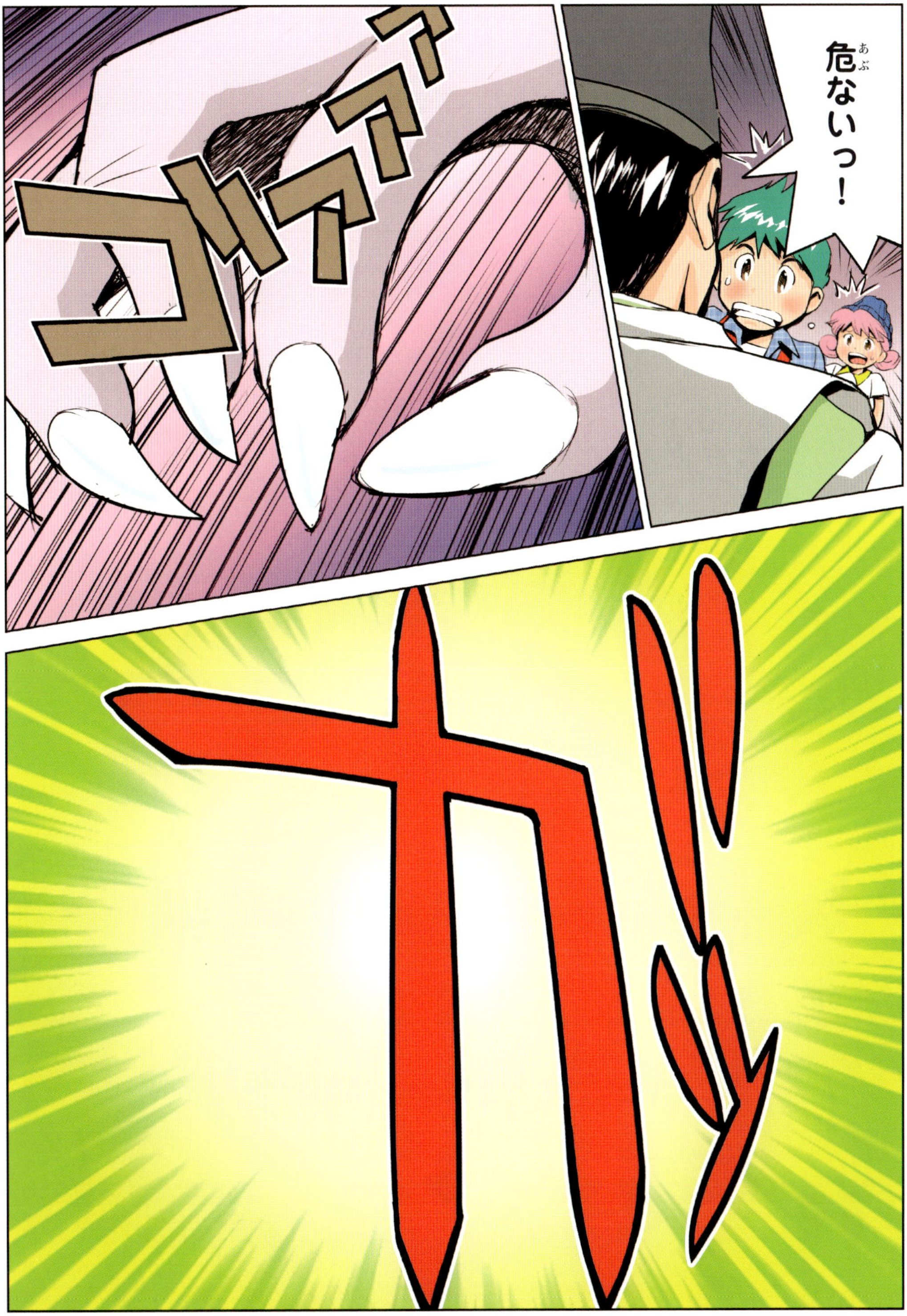
危《あぶ》ないっ！
ゴアアア
ガッ

バッ
ダイゴ!
晴明《せいめい》さんは 人《ひと》の心《こころ》の中《なか》から 鬼《おに》や怨霊《おんりょう》は生《う》まれる って言《い》った
だったら逆《ぎゃく》に 鬼姫《おにひめ》さんに もともとの 人《ひと》の優《やさ》しい心《こころ》が 残《のこ》っていても おかしくないよね?

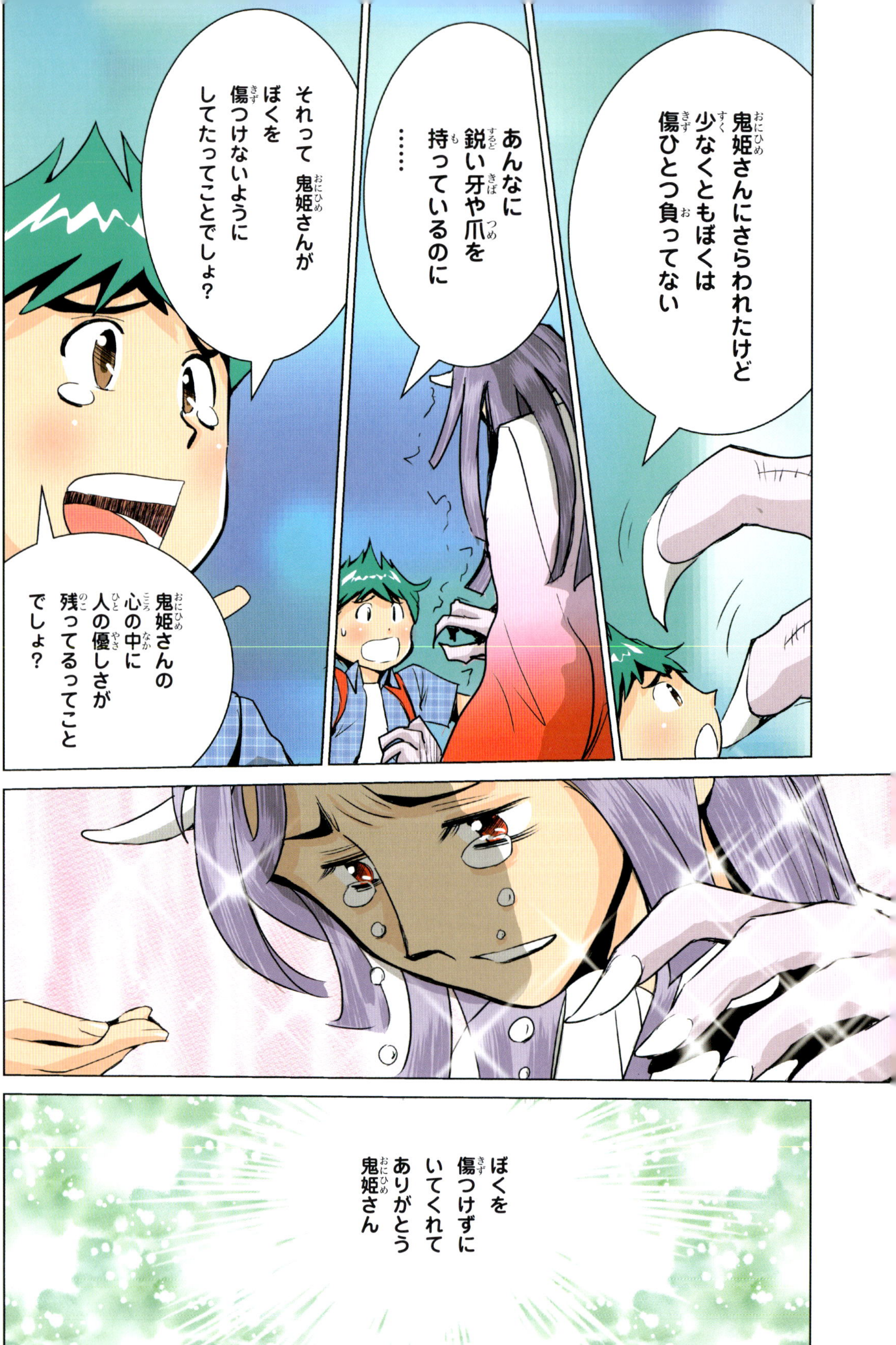
鬼姫《おにひめ》さんにさらわれたけど少《すく》なくともぼくは傷《きず》ひとつ負《お》ってない
あんなに鋭《するど》い牙《きば》や爪《つめ》を持《も》っているのに……
それって鬼姫《おにひめ》さんがぼくを傷《きず》つけないようにしてたってことでしょ？
鬼姫《おにひめ》さんの心《こころ》の中《なか》に人《ひと》の優《やさ》しさが残《のこ》ってるってことでしょ？
ぼくを傷《きず》つけずにいてくれてありがとう鬼姫《おにひめ》さん

……わたしの家族《かぞく》の不幸《ふこう》は 父《ちち》が出世《しゅっせ》できなかったこと 母《はは》が病《やまい》の末《すえ》に死《し》んだこと そして……
大好《だいす》きだった弟《おとうと》を失《うしな》ったこと……
幼《おさな》い弟《おとうと》…… 甘《あま》えん坊《ぼう》の弟《おとうと》……
いつでもどこへ行《い》くのも 一緒《いっしょ》だった弟《おとうと》……
お墓
もし あの弟《おとうと》が わたしのそばに ずっとずっと いてくれたら……
わたしは決《けっ》して 鬼《おに》になんて なることはなかった ……
……礼《れい》を言《い》うのは わたしのほうだ……

ピチョーン
人《ひと》の心《こころ》を取《と》り戻《もど》させてくれて……
ありがとう……
サァァァ
弟《おとうと》によく似《に》た男《おとこ》の子《こ》よ……!
わたしを一条戻橋《いちじょうもどりばし》で待《ま》ち伏《ぶ》せすることももうないだろう……
心安《こころやす》らかに眠《ねむ》るがよい鬼姫《おにひめ》……
ダイゴ

鬼姫《おにひめ》の心《こころ》をしずめたのは おまえののびやかな 心《こころ》のおかげだ 礼《れい》を言《い》うぞ
え…… いや～ ぼくは何《なに》も
ニャン丸《まる》ー しっかりして!!
せ…… 晴明様《せいめいさま》 ニャン丸《まる》が～
入《はい》れ 入《はい》れ
虫《むし》の息《いき》になって すでに数十分《すうじっぷん》……
急《いそ》いで処置《しょち》をせねば 本当《ほんとう》に 死《し》んでしまうぞ!
ええ～!!

ここは
あの世《よ》とこの世《よ》を結《むす》ぶ
一条戻橋《いちじょうもどりばし》……
死者《ししゃ》がよみがえる場所《ばしょ》！
ニャン丸《まる》を連《つ》れ
橋《はし》の中央《ちゅうおう》に急《いそ》ぐのだ！
道真公《みちざねこう》よ！
天神《てんじん》の力《ちから》を 今一度《いまいちど》
この子《こ》らのために
お貸《か》しくだされー!!
ニャン丸《まる》
しっかり！
もう少《すこ》しだから！
ダッッ

ゴッゴッゴ
四神《しじん》たちよ！
この子《こ》らを
ともに見守《みまも》って
おくれー!!
ゴロ
ゴロ
道真《みちざね》さんだ！
ドドドドド

願《ねが》いは聞《き》き入《い》れた!!
雷《かみなり》に乗《の》せ
魂《たましい》を肉体《にくたい》に返《かえ》すぞ!!
ガリガリ
ガリガリ
ガリガリ
ドドーン!
し……
ゴソ
サラさん!
ダイゴさん!
どこに行《い》くの～!?
はっ
元《もと》に
戻《もど》った!

光《ひかり》に吸《す》い込《こ》まれる～!!
うわあああ

も……元《もと》の時代《じだい》に戻《もど》ったみたい！
シュウウウウ
か……雷《かみなり》がまだ体《からだ》の中《なか》に残《のこ》ってるニャ～
ゴゴゴゴ
……
あれ？お姉《ねえ》ちゃんまだ小《ちい》さいままだよ
何《なに》か来《く》る……！
マリリンだ!!無事《ぶじ》だったんだ
サラ姫《ひめ》さま～～!!
ゴゴゴゴ

「平安時代《へいあんじだい》へタイムワープ」終《お》わり。

平安貴族《へいあんきぞく》の時代《じだい》が終《お》わった

① 貴族《きぞく》の時代《じだい》から武士《ぶし》の時代《じだい》へ

平安時代《へいあんじだい》の半《なか》ば頃《ごろ》になると、朝廷《ちょうてい》に対《たい》するさまざまな反乱《はんらん》が起《お》こり、栄華《えいが》を誇《ほこ》っていた貴族《きぞく》の生活《せいかつ》を脅《おびや》かすようになっていきました。

また地方《ちほう》では、武士《ぶし》と呼《よ》ばれる、土地《とち》を守《まも》るために武装化《ぶそうか》した領主《りょうしゅ》や有力《ゆうりょく》な農民《のうみん》が増《ふ》えていきました。武士《ぶし》の中《なか》には、貴族《きぞく》を守《まも》り朝廷《ちょうてい》の治安《ちあん》を維持《いじ》するために、都《みやこ》に出《で》て彼《かれ》らに仕《つか》える者《もの》もいました。彼《かれ》らの中《なか》から、高《たか》い地位《ちい》の貴族《きぞく》と結《むす》びついて出世《しゅっせ》し、さまざまな権力《けんりょく》を得《え》る者《もの》も現《あらわ》れました。その筆頭《ひっとう》が、源氏《げんじ》と平氏《へいし》です。

とくにその軍事力《ぐんじりょく》を背景《はいけい》に勢力《せいりょく》を高《たか》めた平氏《へいし》の平清盛《たいらのきよもり》は、やがて貴族《きぞく》を抑《おさ》えて政治《せいじ》の実権《じっけん》を握《にぎ》りました。この政権《せいけん》に反発《はんぱつ》した源氏《げんじ》は、平氏《へいし》と対立《たいりつ》。ついに源氏《げんじ》の源頼朝《みなもとのよりとも》によって平氏《へいし》は滅《ほろ》ぼされ、鎌倉幕府《かまくらばくふ》が開《ひら》かれました。こうして貴族《きぞく》が栄《さか》えた平安時代《へいあんじだい》は幕《まく》を閉《と》じ、武士《ぶし》が活躍《かつやく》する鎌倉時代《かまくらじだい》が始《はじ》まりました。

もの知りコラム

ペットのネコが大《だい》ブーム！

平安貴族《へいあんきぞく》たちも、家《いえ》でペットを飼《か》っていたようです。とくに人気《にんき》だったのがネコで、中国《ちゅうごく》から輸入《ゆにゅう》された「唐猫《からねこ》」が大《だい》ブームになっていたそうです。

◆◆◆

ペットとしてのネコは、奈良時代《ならじだい》の初期《しょき》に日本《にほん》に伝《つた》わったといわれています。平安時代前期《へいあんじだいぜんき》の日記《にっき》には、884（元《がん》慶《きょう》8）年、唐《とう》から光孝天皇《こうこうてんのう》に黒猫《くろねこ》が献上《けんじょう》されたと記《しる》されています。

平安貴族《へいあんきぞく》はネコ好《ず》きかいな
そりゃええことや

妖怪《ようかい》
大《おお》きく口《くち》を開《あ》けた小猫《こねこ》の妖怪《ようかい》（右）と、打楽器《だがっき》のひとつの銅鈸子《どばっし》を頭《あたま》にかぶった銅鈸子《どばっし》の妖怪《ようかい》が、巻物《まきもの》を読《よ》みながら歩《ある》いていく

現代《げんだい》に残《のこ》る平安時代《へいあんじだい》の文化《ぶんか》

現代《げんだい》の生活《せいかつ》の中《なか》には、平安時代《へいあんじだい》に行《おこな》われていた占《うらな》いやおはらいなどの考《かんが》え方《かた》が残《のこ》されています。神社《じんじゃ》でくじを引《ひ》いて吉凶《きっきょう》を占《うらな》ったり、結婚式等《けっこんしきとう》で大安吉日《たいあんきちじつ》を選《えら》んで縁起《えんぎ》を担《かつ》いだりするなどがその一例《いちれい》です。

◆◆◆

3月3日《がつみっか》の「ひな祭《まつ》り（上巳《じょうし》の節句《せっく》、桃《もも》の節句《せっく》）」は、もとは紙《かみ》の人形《にんぎょう》に自分《じぶん》の罪《つみ》やわざわいをなすりつけ、水《みず》に流《なが》してはらう「ひな流《なが》し」という儀式《ぎしき》でした。それが、平安貴族《へいあんきぞく》の女子《じょし》が紙《かみ》びなを使《つか》って遊《あそ》ぶ「ひいな遊《あそ》び」と合《あ》わさり、江戸時代《えどじだい》に現在《げんざい》のようなひな人形《にんぎょう》を飾《かざ》るひな祭《まつ》りになりました。

5月5日《がついつか》の「端午《たんご》の節句《せっく》」は、平安時代《へいあんじだい》は「端午節会《たんごのせちえ》」という行事《ぎょうじ》でした。5月《がつ》は伝染病《でんせんびょう》や害虫被害《がいちゅうひがい》が多《おお》い、よくない月《つき》とされていたため、この日《ひ》に菖蒲《しょうぶ》やヨモギをつるして不吉《ふきつ》をはらったのです。その後武士《ごぶし》たちが、武芸《ぶげい》や軍事《ぐんじ》を重《おも》んじる意味《いみ》の〝尚武《しょうぶ》〟が〝菖蒲《しょうぶ》〟と同《おな》じ音《おと》なのにあやかって、武者人形《むしゃにんぎょう》を飾《かざ》るようになったそうです。

2月3日《がつみっか》の「節分《せつぶん》」も、もとは平安時代《へいあんじだい》の12月《がつ》31日《にち》に邪気《じゃき》をはらうために行《おこな》われていた「追儺《ついな》」という大切《たいせつ》な行事《ぎょうじ》のひとつでした。この行事《ぎょうじ》は、四《よ》つ目《め》が描《か》かれたお面《めん》をつけた方相氏《ほうそうし》と呼《よ》ばれる役《やく》の人《ひと》が宮中《きゅうちゅう》を回《まわ》り、内裏《だいり》の外《そと》へ鬼《おに》（邪気《じゃき》）を追《お》いはらうものでした。これが、豆《まめ》をまいて鬼《おに》を追《お》いはらう節分《せつぶん》として、現代《げんだい》に伝《つた》わっているのです。

ひな流《なが》し（和歌山県《わかやまけん》・淡嶋神社《あわしまじんじゃ》）

舟《ふね》に乗《の》せて海《うみ》に流《なが》されるひな人形《にんぎょう》

写真：朝日新聞社

五月人形《ごがつにんぎょう》

鎧兜《よろいかぶと》をつけ馬《うま》にまたがる武者姿《むしゃすがた》の五月人形《ごがつにんぎょう》

写真：朝日新聞社

追儺式《ついなしき》（京都府《きょうとふ》・吉田神社《よしだじんじゃ》）

四《よ》つ目《め》のお面《めん》をつけた方相氏《ほうそうし》（中央《ちゅうおう》）に追《お》われて逃《に》げ出《だ》す鬼《おに》たち

写真：朝日新聞社

教《おし》えて!! 河合先生《かわいせんせい》

平安時代《へいあんじだい》おまけ話《ばなし》

ぼくといっしょに、
タイムワープの冒険《ぼうけん》を振《ふ》り返《かえ》ろう。
マンガの裏話《うらばなし》や、時代《じだい》にまつわる
おもしろ話《ばなし》も紹介《しょうかい》するよ!

歴史研究家《れきしけんきゅうか》：河合《かわい》 敦先生《あつしせんせい》

1 平安時代《へいあんじだい》 ヒトコマ 博物館《はくぶつかん》

平清盛《たいらのきよもり》（1118～1181年《ねん》）

平安時代《へいあんじだい》の有力武士《ゆうりょくぶし》・平氏《へいし》のリーダー。朝廷《ちょうてい》での権力《けんりょく》をめぐり、天皇家《てんのうけ》と武士《ぶし》が敵味方《てきみかた》に分《わ》かれて戦《たたか》った「保元《ほうげん》の乱《らん》」や「平治《へいじ》の乱《らん》」で武士《ぶし》として活躍《かつやく》。この時《とき》の手《て》がらなどでみるみる出世《しゅっせ》、朝廷《ちょうてい》での最高位《さいこうい》である太政大臣《だいじょうだいじん》となり、権力《けんりょく》を一身《いっしん》に集《あつ》めることに成功《せいこう》した。また、自分《じぶん》の娘《むすめ》と時《とき》の天皇《てんのう》を結婚《けっこん》させ、生《う》まれた子《こ》（清盛《きよもり》の孫《まご》）を天皇《てんのう》の地位《ちい》につけ、一族《いちぞく》で栄華《えいが》を誇《ほこ》った。

「江戸風俗東錦絵《えどふうぞくあずまにしきえ》　福原殿舎怪異之図《ふくはらでんしゃかいいのず》」白山人北為《はくさんじんほくい》

平安時代《へいあんじだい》の終《お》わり頃《ごろ》、天皇《てんのう》に代《か》わり政治《せいじ》の実権《じっけん》を握《にぎ》った平清盛《たいらのきよもり》は、強大《きょうだい》な平氏政権《へいしせいけん》をつくろうと、周囲《しゅうい》の反対《はんたい》を押《お》し切《き》って、強引《ごういん》に都《みやこ》を京《きょう》から福原《ふくはら》（兵庫県神戸市《ひょうごけんこうべし》）に移《うつ》そうとした。そんな横暴《おうぼう》な清盛《きよもり》のもとに、毎晩化《まいばんば》け物《もの》が出《で》たという伝説《でんせつ》に基《もと》づいた絵《え》

写真：すべて国立国会図書館HPから

平安時代《へいあんじだい》の闇《やみ》と化《ば》け物《もの》

河合先生《かわいせんせい》：やあ、サラとダイゴ。平安時《へいあんじ》代《だい》はどうだったかい？

ダイゴ：妖怪《ようかい》がいっぱいで、怖《こわ》かった〜！

サラ：わたし、平将門《たいらのまさかど》さんの呪《のろ》いでちっちゃくなっちゃったのよ!!

河合先生《かわいせんせい》：ニャン丸《まる》も大変《たいへん》だったね。

ニャン丸《まる》：もう少《すこ》しで死《し》ぬところだったニャ〜。

怨霊《おんりょう》の強《つよ》い思《おも》いは
たたりをおこしたり
病気《びょうき》の原因《げんいん》になることも
あるんです

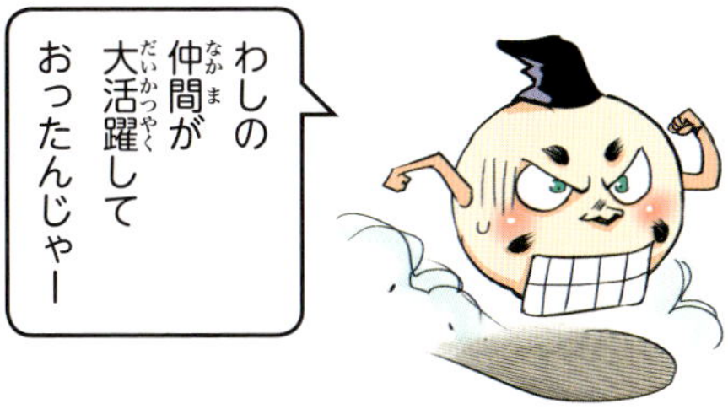
わしの
仲間《なかま》が
大活躍《だいかつやく》して
おったんじゃー

河合先生《かわいせんせい》：科学《かがく》が発達《はったつ》していない平安時《へいあんじ》代《だい》は、病気《びょうき》になったり自然災害《しぜんさいがい》が起《お》こったりするのは、怨霊《おんりょう》や妖怪《ようかい》などの目《め》に見《み》えない何《なに》かのせいだと考《かんが》え、恐《おそ》れていたんだ。

サラ：だから、安倍晴明《あべのせいめい》さんのような陰《おん》陽師《みょうじ》が活躍《かつやく》していたのよね！

▲安倍晴明《あべのせいめい》
921〜1005年《ねん》

河合先生《かわいせんせい》：ほかにも、武士《ぶし》たちによる化《ば》け物退治伝説《ものたいじでんせつ》がいろいろ残《のこ》されているよ。例《たと》えば、右《みぎ》のページで紹介《しょうかい》している絵《え》は、平安時代《へいあんじだい》の末《すえ》に権力《けんりょく》を誇《ほこ》った平清盛《たいらのきよもり》のところに、化《ば》け物《もの》が現《あらわ》れた様子《ようす》だよ。

ダイゴ：平清盛《たいらのきよもり》って、平氏《へいし》のリーダーだった人《ひと》だよね！

河合先生《かわいせんせい》：正解《せいかい》！ 自分勝手《じぶんかって》な振《ふ》る舞《ま》いをする清盛《きよもり》のもとに、たくさんの妖怪《ようかい》が現《あらわ》れているんだ。

サラ：ガイコツがたくさんあって、なんだか気味《きみ》が悪《わる》いわね。

武士《ぶし》たちの化《ば》け物退治伝説《ものたいじでんせつ》

河合先生《かわいせんせい》：それから、下野国《しもつけのくに》（栃木県《とちぎけん》）の武将《ぶしょう》で、将門《まさかど》を倒《たお》したことで有名《ゆうめい》な藤原《ふじわらの》秀郷《ひでさと》のムカデ退治《たいじ》も有名《ゆうめい》だ。

サラ：将門《まさかど》さんを倒《たお》した人《ひと》の話《はなし》!?

河合先生《かわいせんせい》：弓矢《ゆみや》の達人《たつじん》の秀郷《ひでさと》が、近江国《おうみのくに》（滋賀県《しがけん》）で、村人《むらびと》に悪《わる》さをする巨大《きょだい》なムカデを矢《や》で射止《いと》めたという伝説《でんせつ》だよ。

▲ムカデに弓《ゆみ》を射《い》ようとする藤原秀郷《ふじわらのひでさと》

▼土蜘蛛《つちぐも》を退治《たいじ》する源頼光《みなもとのよりみつ》

河合先生《かわいせんせい》：また、摂津国《せっつのくに》（現在《げんざい》の大阪府《おおさかふ》と兵庫県《ひょうごけん》の一部《いちぶ》）の源頼光《みなもとのよりみつ》は、けらいの渡辺綱《わたなべのつな》と、巨大《きょだい》な土蜘蛛《つちぐも》退治《たいじ》をしたと伝《つた》わるよ。

ダイゴ：平安時代《へいあんじだい》の武士《ぶし》って勇敢《ゆうかん》だね！

2

平安時代《へいあんじだい》
ビックリ報告《ほうこく》

「絵巻《えまき》」にはたくさんの工夫《くふう》がある

「絵巻《えまき》」って何《なに》？

平安時代《へいあんじだい》には、日本《にほん》で独自《どくじ》に発展《はってん》した「絵巻《えまき》」がいくつもつくられました。

「絵巻《えまき》」は、横《よこ》に長《なが》い紙《かみ》に、物語《ものがたり》などを文字《もじ》と絵《え》で表《あらわ》した巻物《まきもの》です。奈良時代《ならじだい》に、中国《ちゅうごく》から伝《つた》わった「画巻《がかん》」（文学作品《ぶんがくさくひん》や仏教《ぶっきょう》の経典《きょうてん》に絵《え》が入《はい》った読《よ》み物《もの》）を参考《さんこう》にしてつくられました。

もともとの呼《よ》び方《かた》は、「源氏絵《げんじえ》」など「○○絵《え》」と呼《よ》んでいましたが、江戸時代《えどじだい》に掛《か》け軸《じく》など同《おな》じような巻物《まきもの》と区別《くべつ》するため、「絵巻《えまき》」と呼《よ》ぶようになったそうです。

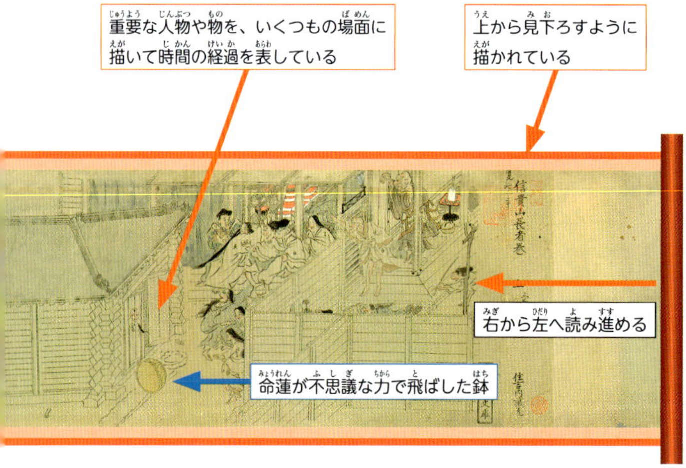
上《うえ》から見下《みお》ろすように描《えが》かれている
重要《じゅうよう》な人物《じんぶつ》や物《もの》を、いくつもの場面《ばめん》に描《えが》いて時間《じかん》の経過《けいか》を表《あらわ》している
右《みぎ》から左《ひだり》へ読《よ》み進《すす》める
命蓮《みょうれん》が不思議《ふしぎ》な力《ちから》で飛《と》ばした鉢《はち》

どんな工夫《くふう》があるの？

「絵巻《えまき》」には、読《よ》む人《ひと》がより楽《たの》しめるよう、たくさんの工夫《くふう》があります。

例《たと》えば、「絵巻《えまき》」は見下《みお》ろして読《よ》むため、上《うえ》から見下《みお》ろした角度《かくど》で描《えが》かれています。また、建物《たてもの》の中《なか》の様子《ようす》がわかるよう、屋根《やね》や天井《てんじょう》、壁《かべ》などの一部《いちぶ》は描《えが》かれていません。

ほかにも、同《おな》じ人物《じんぶつ》や物《もの》をいくつもの場面《ばめん》に登場《とうじょう》させたり、同《おな》じ場面《ばめん》に複数描《ふくすうえが》いたりすることで、時間《じかん》の経過《けいか》を表《あらわ》しています。

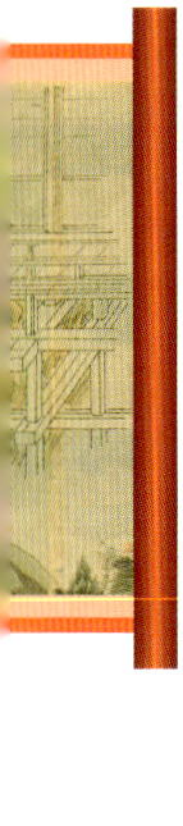

「信貴山縁起絵巻《しぎさんえんぎえまき》」（全《ぜん》3巻《かん》）
10世紀初《せいきはじ》め頃《ごろ》に、大和国《やまとのくに》（奈良県《ならけん》）の信貴山《しぎさん》で修行《しゅぎょう》していた僧《そう》・命蓮《みょうれん》にまつわる話《はなし》が描《えが》かれている

写真：すべて国立国会図書館HPから

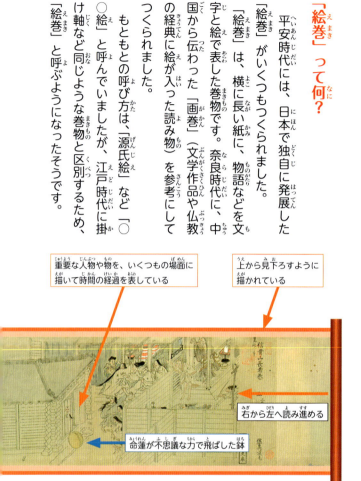

どうやって読《よ》むの?

「絵巻《えまき》」は、右《みぎ》から左《ひだり》へと話《はなし》が展開《てんかい》するように描《えが》かれています。読《よ》む時《とき》は、巻物《まきもの》を机《つくえ》や床《ゆか》の上《うえ》に置《お》いて、巻紙《まきがみ》を左側《ひだりがわ》へ開《ひら》き、読《よ》み終《お》えた場面《ばめん》を右側《みぎがわ》へ巻《ま》き込《こ》む動作《どうさ》を繰《く》り返《かえ》し読《よ》み進《すす》めていきます。

巻紙《まきがみ》を開《ひら》く長《なが》さは、肩幅《かたはば》くらいがちょうどいいとされています。

どんな内容《ないよう》があるの?

「絵巻《えまき》」には、大《おお》きく分《わ》けて7つの種類《しゅるい》があります。

・物語絵巻《ものがたりえまき》=特定《とくてい》の作者《さくしゃ》がつくった物語《ものがたり》。
・説話絵巻《せつわえまき》=事件《じけん》や伝説《でんせつ》、童話《どうわ》などが題材《だいざい》。
・御伽草紙《おとぎぞうし》=世相《せそう》を取《と》り入《い》れた短編小説《たんぺんしょうせつ》。
・合戦絵巻《かっせんえまき》=戦《いくさ》の記録《きろく》と武士《ぶし》の活躍《かつやく》。
・経典絵巻《きょうてんえまき》=神《かみ》や仏《ほとけ》の教《おし》えなど。
・縁起絵巻《えんぎえまき》=社寺《しゃじ》の由来《ゆらい》や伝説《でんせつ》など。
・伝記絵巻《でんきえまき》=高僧《こうそう》についての記録《きろく》。

どの作品《さくひん》も、日本特有《にほんとくゆう》のテーマや事物《じぶつ》が描《えが》かれています。

絵巻《えまき》にはたくさんの種類《しゅるい》があるんだね!

▼「信貴山縁起絵巻《しぎさんえんぎえまき》」(上巻《じょうかん》)
信貴山《しぎさん》の修行僧《しゅぎょうそう》・命蓮《みょうれん》が、修行《しゅぎょう》で得《え》た不思議《ふしぎ》な力《ちから》で長者《ちょうじゃ》の家《いえ》に鉢《はち》を飛《と》ばし、米《こめ》をめぐんでくれるよう頼《たの》んだ。だが、長者《ちょうじゃ》が拒《こば》んだため、鉢《はち》に米倉《こめぐら》ごと載《の》せて、強引《いん》に信貴山《しぎさん》まで飛《と》ばし、長者《ちょうじゃ》を困《こま》らせるのだが……

米倉《こめぐら》を載《の》せ飛《と》んでいく鉢《はち》

物語《ものがたり》は、文字《もじ》と絵《え》で表《あらわ》されている

▲「信貴山縁起絵巻《しぎさんえんぎえまき》」(中巻《ちゅうかん》)
醍醐天皇《だいごてんのう》が重《おも》い病《やまい》にかかった時《とき》、命蓮《みょうれん》は信貴山《しぎさん》にいながら祈祷《きとう》によって病《やまい》を治《なお》した。感謝《かんしゃ》した醍醐天皇《だいごてんのう》は、僧侶《そうりょ》としての高《たか》い地位《ちい》や土地《とち》を与《あた》えようと申《もう》し出《で》るが、命蓮《みょうれん》は地位《ちい》も富《とみ》もいらないと、申《もう》し出《で》を断《ことわ》った

建物内《たてものない》の様子《ようす》がわかるよう、屋根《やね》や天井《てんじょう》、間仕切《まじき》りの壁《かべ》などの一部《いちぶ》は描《えが》かれていない

3

平安時代《へいあんじだい》
ニンゲンファイル

空海《くうかい》

日本《にほん》に密教《みっきょう》を伝《つた》えたスーパー僧侶《そうりょ》

唐《とう》に学《まな》び、日本《にほん》に密教《みっきょう》を伝《つた》える

空海《くうかい》は平安時代《へいあんじだい》の初《はじ》め頃《ごろ》に活躍《かつやく》した僧《そう》です。８０４（延暦《えんりゃく》23）年《ねん》、唐《とう》（中国《ちゅうごく》）に渡《わた》り密教《みっきょう》を専門《せんもん》に学《まな》びました。

密教《みっきょう》とは、経典《きょうてん》を読《よ》むだけではなく、独《どく》特の儀式《ぎしき》などを通《とお》して仏《ほとけ》の教《おし》えを伝《つた》える、秘密《ひみつ》の教義《きょうぎ》のことです。この教《おし》えを、わずか数《すう》カ月《げつ》で習得《しゅうとく》した空海《くうかい》は、帰国後《きこくご》密教《みっきょう》を根本《こんぽん》とした真言宗《しんごんしゅう》を開《ひら》きました。

才能豊《さいのうゆた》かな天才仏教者《てんさいぶっきょうしゃ》

唐《とう》に渡《わた》った時《とき》、空海《くうかい》は仏教以外《ぶっきょういがい》にも、最《さい》新医学《しんいがく》や工芸《こうげい》・土木技術《どぼくぎじゅつ》も学《まな》びました。帰《き》国後《こくご》は、土木技術者《どぼくぎじゅつしゃ》や教育者《きょういくしゃ》としても活躍《かつやく》して、才能《さいのう》を発揮《はっき》しています。また語学《ごがく》にも優《すぐ》れ、唐《とう》では通訳《つうやく》がいらないほど中国語《ちゅうごくご》がペラペラでした。字《じ》もとても上手《じょうず》で、江《え》戸時代《どじだい》に字《じ》の達人《たつじん》ベスト3《スリー》に選《えら》ばれるほどでした。

空海《くうかい》（774～835年《ねん》）
真言宗《しんごんしゅう》の開祖《かいそ》。讃岐国《さぬきのくに》（香川《かがわ》県《けん》）出身《しゅっしん》。仏教《ぶっきょう》を学《まな》ぶため、最澄《さいちょう》らと遣唐使船《けんとうしせん》で唐《とう》に渡《わた》る。帰《き》国後《こくご》、真言宗《しんごんしゅう》を開《ひら》き、高野山《こうやさん》金剛峯寺《こんごうぶじ》（和歌山県《わかやまけん》）や教王護国寺《きょうおうごこくじ》（東寺《とうじ》／京都府《きょうとふ》）を真言宗《しんごんしゅう》の本山《ほんざん》とした。死《し》後、天皇《てんのう》から「弘法大師《こうぼうだいし》」という名《な》を贈《おく》られる。「大師《だいし》」とは、特別《とくべつ》な僧《そう》に贈《おく》られる尊称《そんしょう》。

日本仏教《にほんぶっきょう》の発展《はってん》に大《おお》きく貢献《こうけん》した僧《そう》

最澄《さいちょう》

仏《ほとけ》の教《おし》えは
法華経《ほけきょう》にあり

天台宗《てんだいしゅう》を設立《せつりつ》

最澄《さいちょう》は、空海《くうかい》らと唐《とう》に渡《わた》って天台宗《てんだいしゅう》の教《おし》えと密教《みっきょう》を学《まな》び、多《おお》くの経典《きょうてん》を持《も》って帰国後《きこくご》、比叡山延暦寺《ひえいざんえんりゃくじ》に天台宗《てんだいしゅう》を開《ひら》きました。

もともと天台宗《てんだいしゅう》は、仏教《ぶっきょう》の伝統《でんとう》ある宗派《しゅうは》のひとつでしたが、最澄《さいちょう》が開《ひら》くまで、日本《にほん》には伝《つた》わっていませんでした。彼《かれ》は、自身《じしん》が学《まな》んだ伝統的《でんとうてき》な教《おし》えに密教《みっきょう》の要素《ようそ》も加《くわ》えながら、日本《にほん》に天台宗《てんだいしゅう》を発展《はってん》させていきました。

日本仏教《にほんぶっきょう》のもとを育《そだ》てる

最澄《さいちょう》は、修行《しゅぎょう》のほかに仏典《ぶってん》の研究《けんきゅう》にも熱心《ねっしん》に取《と》り組《く》みました。また、比叡山《ひえいざん》で修行《しゅぎょう》する僧《そう》たちの規則《きそく》（戒律《かいりつ》）をつくるなど、新《あたら》しい試《こころ》みを行《おこな》い、日本仏教界《にほんぶっきょうかい》に大《おお》きな影響《えいきょう》を与《あた》えました。

最澄《さいちょう》の活動《かつどう》によって、延暦寺《えんりゃくじ》は仏教《ぶっきょう》・学問《がくもん》の中心《ちゅうしん》となり、たくさんの名僧《めいそう》を育《そだ》てました。延暦寺《えんりゃくじ》で学《まな》んだ僧《そう》の中《なか》からは、鎌倉時代《かまくらじだい》に新《あたら》しい仏教《ぶっきょう》を開《ひら》いた栄西《えいさい》（臨済宗《りんざいしゅう》）、親鸞《しんらん》（浄土真宗《じょうどしんしゅう》）、道元《どうげん》（曹洞宗《そうとうしゅう》）などが出《で》ています。

最澄《さいちょう》（767※～822年《ねん》）

日本天台宗《にほんてんだいしゅう》の開祖《かいそ》。近江国《おうみのくに》（滋賀県《しがけん》）出身《しゅっしん》。12歳《さい》で出家《しゅっけ》し、785（延暦《えんりゃく》4）年《ねん》から比叡山《ひえいざん》で修行《しゅぎょう》を重《かさ》ねたあと唐《とう》へ留学《りゅうがく》。帰国後《きこくご》、比叡山《ひえいざん》で天台宗《てんだいしゅう》を開《ひら》いた。死後《しご》、天皇《てんのう》から「伝教大師《でんぎょうだいし》」という名《な》を贈《おく》られる。大師《だいし》の尊称《そんしょう》をつけられたのは最澄《さいちょう》が最初《さいしょ》。

※766年誕生説《ねんたんじょうせつ》もある

天台宗《てんだいしゅう》		真言宗《しんごんしゅう》
最澄《さいちょう》（伝教大師《でんぎょうだいし》）	開祖《かいそ》	空海《くうかい》（弘法大師《こうぼうだいし》）
比叡山延暦寺《ひえいざんえんりゃくじ》（滋賀県《しがけん》）	総本山《そうほんざん》	高野山金剛峯寺《こうやさんこんごうぶじ》（和歌山県《わかやまけん》）
法華経《ほけきょう》	お経《きょう》	大日経《だいにちきょう》・金剛頂教《こんごうちょうきょう》
「人間《にんげん》は誰《だれ》でも成仏《じょうぶつ》できる」という教《おし》えを説《と》く。最澄《さいちょう》の弟子《でし》の円仁《えんにん》・円珍《えんちん》によって本格的《ほんかくてき》に密教《みっきょう》の教《おし》えが取《と》り入《い》れられた。	特徴《とくちょう》	密教《みっきょう》の教《おし》えが根本《こんぽん》。言葉《ことば》や文字《もじ》だけではなく、体《からだ》で仏《ほとけ》の教《おし》えを感《かん》じることで、生《い》きながら仏《ほとけ》と一体《いったい》になる「即身成仏《そくしんじょうぶつ》」を説《と》く。

空海《くうかい》さんが真言宗《しんごんしゅう》で
最澄《さいちょう》さんが天台宗《てんだいしゅう》ね

4

平安時代《へいあんじだい》 ウンチクこぼれ話《ばなし》

【安倍晴明《あべのせいめい》は狐《きつね》の子《こ》？】

平安時代《へいあんじだい》のスーパー陰陽師《おんみょうじ》・安倍晴明《あべのせいめい》には、出生《しゅっしょう》にまつわる不思議《ふしぎ》な伝説《でんせつ》が残《のこ》されています。

江戸時代《えどじだい》に成立《せいりつ》した、陰陽道《おんみょうどう》について書《か》かれた史料《しりょう》によると、晴明《せいめい》の母《はは》は信太《しのだ》（大阪府《おおさかふ》）の森《もり》にすむ狐《きつね》で、信太明神《しのだみょうじん》の化身《けしん》だったと伝《つた》えられています。怨霊《おんりょう》に対抗《たいこう》するなど、人間離《にんげんばな》れした力《ちから》を操《あやつ》る晴明《せいめい》は、人《ひと》の子《こ》ではないのだろうと考《かんが》えられていたのかもしれません。

晴明様《せいめいさま》には
たくさんの伝説《でんせつ》が
残《のこ》されている
のです

【平安貴族《へいあんきぞく》は烏帽子《えぼし》が命《いのち》！】

平安貴族《へいあんきぞく》の男性《だんせい》は、いつも烏帽子《えぼし》という帽子《ぼうし》をかぶっていました。当時《とうじ》は、人前《ひとまえ》で頭《あたま》を見《み》せることはとても恥《は》ずかしいこととされていたため、寝《ね》る時《とき》でも烏帽子《えぼし》を離《はな》さないようにしていたそうです。

彼《かれ》らにとって、烏帽子《えぼし》をかぶらないまま人前《ひとまえ》に出《で》るということは、現代《げんだい》の感覚《かんかく》でいうと、パンツをはかずに人前《ひとまえ》に出《で》ることと同《おな》じような感《かん》じだったのかもしれません。

これが烏帽子《えぼし》！
室内《しつない》でもかぶるのが
当《あ》たり前《まえ》だった!!

国立国会図書館蔵

【平安貴族《へいあんきぞく》の姫君《ひめぎみ》はいくつで大人《おとな》の仲間入《なかまい》り？】

現代《げんだい》では、20歳《はたち》になると成人式《せいじんしき》を行《おこな》い、大人《おとな》の仲間入《なかまい》りをします。でも平安貴族《へいあんきぞく》の姫君《ひめぎみ》は、12～14歳《さい》くらいで成人《せいじん》の儀式《ぎしき》を行《おこな》い、それ以降《いこう》は大人《おとな》としてみなされ、結婚《けっこん》する人《ひと》も多《おお》かったそうです。

ちなみに、平安貴族《へいあんきぞく》の結婚《けっこん》は、夫婦《ふうふ》が同《おな》じ家《いえ》で一緒《いっしょ》に暮《く》らすのではなく、夫《おっと》が妻《つま》の家《いえ》に通《かよ》う「妻問婚《つまどいこん》」（通《かよ》い婚《こん》ともいう）といわれる形式《けいしき》が一般的《いっぱんてき》でした。夫《おっと》が通《かよ》ってこなくなると、離婚《りこん》ということになったのだそうです。

平安時代《へいあんじだい》の
貴族《きぞく》の習慣《しゅうかん》は
現代《げんだい》とはかなり
違《ちが》うんだね

【相撲道《すもうどう》と陰陽道《おんみょうどう》】

古《ふる》くから、皇族《こうぞく》や貴族《きぞく》たちに親《した》しまれていた相撲《すもう》は、平安時代《へいあんじだい》には国家《こっか》の平穏安泰《へいおんあんたい》や豊作《ほうさく》などを祝《いわ》う儀式《ぎしき》のひとつとして、行《おこな》われるようになりました。

現在《げんざい》、大相撲《おおずもう》が行《おこな》われる土俵《どひょう》のつり屋根《やね》の四隅《よすみ》には、「四房《しぶさ》」という、4色《しょく》の房《ふさ》が飾《かざ》られています。これは、平安京《へいあんきょう》を守《まも》ったといわれる四神《しじん》（→26、39ページ）を表《あらわ》していて、五穀豊穣《ごこくほうじょう》を祈念《きねん》しているのだそうです。こんなところにも、平安時代《へいあんじだい》の陰陽道《おんみょうどう》が残《のこ》されています。

▲大相撲《おおずもう》の土俵《どひょう》
屋根《やね》の四隅《よすみ》につるされている4色《しょく》の房《ふさ》が四房《しぶさ》。
赤《あか》、白《しろ》、黒《くろ》、青《あお》の4色《しょく》

写真：朝日新聞社

【平安時代《へいあんじだい》の市場《いちば》】

平安京《へいあんきょう》は、朱雀大路《すざくおおじ》（→38ページ）を中心《ちゅうしん》に、左京《さきょう》（東側《ひがしがわ》）と右京《うきょう》（西側《にしがわ》）に分《わ》かれていました。

左京《さきょう》と右京《うきょう》には、それぞれ東市《ひがしのいち》と西市《にしのいち》と呼《よ》ばれる、役人《やくにん》が管理《かんり》する市場《いちば》がありました。市場《いちば》では、米《こめ》、塩《しお》、魚《さかな》などの食品《しょくひん》や、服《ふく》やくつ、糸《いと》や布《ぬの》などの衣料品《いりょうひん》など、日常《にちじょう》生活《せいかつ》に必要《ひつよう》なものなどが売《う》られていました。また、薬《くすり》のような貴重品《きちょうひん》も、東西《とうざい》どちらかの市場《いちば》で限定販売《げんていはんばい》されていたそうです。

平安京《へいあんきょう》の市場《いちば》では
おかしも売《う》られていたんだって
シャー

【七五三《しちごさん》のお祝《いわ》いと陰陽道《おんみょうどう》】

みなさんが3歳《さい》、5歳《さい》、7歳《さい》の時《とき》に神社《じんじゃ》で行《おこな》う七五三《しちごさん》のお祝《いわ》いの儀式《ぎしき》も、陰陽道《おんみょうどう》とかかわりがあります。

平安時代半《へいあんじだいなか》ばには、3歳《さい》から8歳《さい》くらいまでの、貴族《きぞく》の子《こ》どもの成長《せいちょう》を祝《いわ》う儀式《ぎしき》として行《おこな》われていました。それが、古代中国《こだいちゅうごく》に起《お》こった陰陽説《いんようせつ》で、めでたい数字《すうじ》と考《かん》えられている奇数《きすう》の3、5、7の年齢《ねんれい》に祝《いわ》う儀式《ぎ》として、一般《いっぱん》に広《ひろ》まったそうです。

七五三《しちごさん》の
お祝《いわ》いの時《とき》に
千歳《ちとせ》あめを
食《た》べたわ！

平安時代《へいあんじだい》の話《はなし》は
これでおしまい！
別《べつ》の時代《じだい》で、
また会《あ》おうね！

平安時代《へいあんじだい》〜鎌倉時代初《かまくらじだいはじ》め 年表《ねんぴょう》

平安時代《へいあんじだい》

794年《ねん》	都《みやこ》が京都《きょうと》に移《うつ》る（平安京《へいあんきょう》）
805年《ねん》	最澄《さいちょう》が天台宗《てんだいしゅう》を開《ひら》く
806年《ねん》	空海《くうかい》が真言宗《しんごんしゅう》を開《ひら》く
894年《ねん》	菅原道真《すがわらのみちざね》の提言《ていげん》により、遣唐使《けんとうし》が中止《ちゅうし》される
901年《ねん》	道真《みちざね》が大宰府《だざいふ》に左遷《させん》される
939年《ねん》	平将門《たいらのまさかど》が関東《かんとう》で乱《らん》を起《お》こす。藤原純友《ふじわらのすみとも》が瀬戸内海《せとないかい》で乱《らん》を起《お》こす（2つ合《あ》わせて承平《じょうへい》・天慶《てんぎょう》の乱《らん》。〜941年《ねん》）
1001年《ねん》	この頃《ころ》、清少納言《せいしょうなごん》が『枕草子《まくらのそうし》』を完成《かんせい》させる？
1008年《ねん》	この頃《ころ》、紫式部《むらさきしきぶ》が『源氏物語《げんじものがたり》』を完成《かんせい》させる？
1016年《ねん》	藤原道長《ふじわらのみちなが》が摂政《せっしょう》になる

時代	年	出来事
	1017年《ねん》	道長《みちなが》の子《こ》・藤原頼通《ふじわらのよりみち》が摂政《せっしょう》になる
	1051年《ねん》	東北地方《とうほくちほう》で、前九年合戦《ぜんくねんかっせん》（〜1062年《ねん》）
	1083年《ねん》	東北地方《とうほくちほう》で、後三年合戦《ごさんねんかっせん》（〜1087年《ねん》）
	1086年《ねん》	白河天皇《しらかわてんのう》が上皇《じょうこう》になり、政治《せいじ》を行《おこな》う（院政《いんせい》の始《はじ》まり）
	1156年《ねん》	保元《ほうげん》の乱《らん》
	1159年《ねん》	平治《へいじ》の乱《らん》
	1167年《ねん》	平清盛《たいらのきよもり》が太政大臣《だいじょうだいじん》になる
	1185年《ねん》	壇《だん》の浦《うら》の戦《たたか》い（源《みなもとの》頼朝《よりとも》の弟《おとうと》・源《みなもとの》義経《よしつね》が平氏《へいし》を滅《ほろ》ぼす）
鎌倉時代《かまくらじだい》	1185年《ねん》	頼朝《よりとも》が全国《ぜんこく》に守護《しゅご》・地頭《じとう》を置《お》く
	1192年《ねん》	頼朝《よりとも》が征夷大将軍《せいいたいしょうぐん》になる

監修　河合敦
編集デスク　大宮耕一、橋田真琴
編集スタッフ　泉ひろえ、河西久実、庄野勢津子、十枝慶二、中原崇
シナリオ　泉ひろえ
コラムイラスト　相馬哲也、姫田一十四、イセケヌ
コラム図版　平凡社地図出版、エスプランニング
参考文献　『早わかり日本史』河合敦著 日本実業出版社／『詳説 日本史研究　改訂版』佐藤信・五味文彦・高埜利彦・鳥海靖編 山川出版社／『新版 これならわかる！　ナビゲーター 日本史B　① 原始・古代～南北朝』山川出版社／『続日本の絵巻 27 能恵法師絵詞 福富草紙 百鬼夜行絵巻』小松茂美編 中央公論社／『ビジュアルワイド 平安大辞典 図解でわかる「源氏物語」の世界』倉田 実編 朝日新聞社／『平安建都1200 年記念 甦る平安京』京都市編・発行／『平安女子の楽しい！生活』川村裕子著 岩波書店／『愛とゴシップの「平安女流日記」』川村裕子監修 PHP 研究所／「改訂版週刊マンガ日本史 改訂版」12～17 号 朝日新聞出版／「週刊マンガ世界の偉人」53 号 朝日新聞出版／「週刊なぞとき」16 号 朝日新聞出版

※本シリーズのマンガは、史実をもとに脚色を加えて構成しています。

平安《へいあん》時《じ》代《だい》へタイムワープ

2018年 3 月30日　第１刷発行
2024年 3 月30日　第８刷発行

著　者　マンガ：市川智茂／ストーリー：チーム・ガリレオ
発行者　片桐圭子
発行所　朝日新聞出版
〒104-8011
東京都中央区築地5-3-2
編集　生活・文化編集部
電話　03-5541-8833（編集）
03-5540-7793（販売）

印刷所　株式会社リーブルテック

ISBN978-4-02-331665-2
本書は 2016 年刊『平安時代のサバイバル』を増補改訂し、改題したものです